「人間関係」は性格と相性が9割

1000万人の
新ディグラム診断

木原誠太郎
Seitaro Kihara

プレジデント社

はじめに

「え？　なんでこの人、こんなこと言ってくるの？」「どうしてそんな行動ができるの？」

日々、生活をしていると、みなさんの周囲の人間関係において、理解不可能な言動をする人が結構いるはずです。

それもそのはず、人はみんな思考や行動パターンが違うからです。だからこそ、極端に言えば戦争や紛争などが起こるわけです。

ご挨拶が遅れました！　みなさん、本書を手に取っていただきありがとうございます！ディグラム・ラボの代表、木原誠太郎です。

本書で紹介する「新ディグラム診断」は、心理学×統計学を使って人間を9つのタイプに分類する性格診断テストです。やり方は、20の質問に答えるだけなので、とても簡単です。

「新ディグラム診断」は、10年前に私が開発した「ディグラム診断」がベースになっています。「ディグラム診断」とは、心療内科などの医療現場で用いられる心理テスト「エゴグラム」と、十数万人の膨大なアンケート調査による統計学をミックスして、人間を31の性格タイプに分類していくというもの。そして、この31種類を、よりシンプルに、大きく9タイプにまとめたのが、「新ディグラム診断」です。

本書では、自分でも気づかなかった長所や短所を知ることができますし、周囲の人にやってもらえばその人のタイプを知ることで、相手との円滑なコミュニケーションに役立てることができます。人生を楽しくするためには、ストレスなく、人間関係を円滑にすることが何よりも大事です。そのために、この「新ディグラム診断」があるといってもよいでしょう。

私は、この「新ディグラム診断」を通し、

1　まずは自分の性格を知ることで、より理想の自分に近づけていこう!

2　さらに自分の周囲の人のタイプを知ることで、周囲との人間関係もよくしていこう!

ということを目指しています。

不安定な世の中、未来の見えない今だからこそ、この「新ディグラム診断」で自分のことを深く知り、自分の性格をコントロールすることが、よりよい未来につながると信じています。この「新ディグラム診断」がみなさんの人生の糧《かて》になり、明日を生きるエネルギーになることを切に願っています!

2024年1月　木原《きはら》誠太郎《せいたろう》

「人間関係」は性格と相性が9割
1000万人の新ディグラム診断

―目次―

Part 1 新ディグラム診断でわかる9つの性格

Part 2 9タイプ別・人間関係攻略のコツ

本書の使い方

本書の狙いは、自身が9つの性格タイプの
どれに該当するかを知って、
人間関係をよりよくするための「性格攻略法」を知ることです。

「こういう人とはどうも相性が悪い……」と
これまで感覚的にとらえていたものを可視化することができ、
周囲との人間関係をもっとよくしたり、
悪化を回避したりすることができるようになるでしょう。

1

「新ディグラム診断」で性格診断をやってみよう！

14ページからの
「新ディグラム診断」20のクエスチョンで
まずは自分の性格タイプを診断しよう！

→性格を分類する31の波形タイプのどれに該当するかがわかります。

2

9つのタイプに分類！

24～26ページの
「31の波形をさらに『9つのタイプ』にする」で、
あなたの性格タイプを診断します。

3

9タイプの
性格について知ろう！

「Part1　新ディグラム診断でわかる9つの性格」では、
9タイプの性格それぞれについて、人間関係や
コミュニケーションでの強み・弱みを中心に紹介していきます。

4

9つのタイプ別に、
人間関係に強くなる方法を知ろう！

「Part2　9タイプ別・人間関係攻略のコツ」では、
9つのタイプ別に、どうすればよりよい人間関係を構築できるか、
具体的なアプローチ法を紹介していきます。

そもそも「新ディグラム診断」って何？

ディグラム診断とは、性格診断のための心理テスト「エゴグラム」をベースに、人間の性格を5つに分類し（5つの分類について詳しくは10ページ参照）、その5つの数値の組み合わせ（波形）に、1500万人分の統計データをのせて性格を〝見える化〟したものです。

本来のディグラム診断では31タイプある性格を、より簡潔に9タイプに分類したのが本書の「新ディグラム診断」です。

「新ディグラム診断」を上手に活用するためには、まずは、あなた自身のタイプを知りましょう。

自分がどのタイプなのかわかると、周囲の人とどう付き合っていけばいいのか理解が深まり、何かトラブルがあった際にも「こう対応すればいいんだな」などと、上手に解決することができるようになります。

さらに本書では、居心地の悪い状況や苦手な場面などで、どうふるまえばいいのかもアドバイスしていますから、ぜひ参考にしてみてください。

また、診断結果は、そのときの自分の心のコンディションに左右されるもの。いつも同じ結果が出るとは限りませんから、定期的にご自身についてチェックすることをおすすめします。

さらに自分を取り巻く周囲の家族や友人・知人にも、ぜひこの診断をやってみてもらってください。

相手のタイプがわかると、「あの人はあのタイプだから頑固なんだ」などと相手に対して理解が深まるだけでなく、自分からは、相手の性格に合わせたアプローチができるようになります。

さらに、相手も自分自身の性格タイプやあなたのタイプがわかることでお互いの理解が深まり、コミュニケーションが円滑になったり、ご自分も周囲の人もハッピーになれたりすることでしょう。

5つの指標をもっとよく知ろう！

新ディグラム診断のベースになっているものの1つが、人間の性格を以下の5つに分類したものです。これはエゴグラムという性格分析の手法で使われている分類法で、人間の自我を5つのタイプに分けています。

AC **親の言うことをよく聞く子ども。**自分に自信がないと高い数値になりがち。

FC **元気な子ども。**あまり高いと、協調性のなさなどにもつながります。

A **合理的な大人。**論理性にも通じる指標で、女性は低い傾向にあります。

NP **母のような優しさ。**日本人には高い人が多く、とくに女性は高い傾向あり。

CP **父のような厳しさ。**この数値が高いと、他人にも自分にも厳しい性格に。

5つの指標のバランスによって性格のタイプが決まりますので、指標の意味を知ると、より「新ディグラム診断」への理解が深まります。

新ディグラム診断

基本の5つの指標について

「新ディグラム診断」は、次の「5つの指標」をもとに
31の波形のどれに結果が近いかで、自身や相手の
「性格」を知ることができる診断法。
14ページの「20のクエスチョン」に答えることで
自分や相手の中にある「5つの指標」の要素と配分がわかり、
性格を反映した「波形」が確認できます。
その31種類ある波形をさらに9つに分類したものが
24～26ページの「9つのタイプ」です。
まずは自分の中にある「5つの要素」について
把握することからスタートしていきましょう。

AC / 親の言うことをよく聞く子ども Adapted Child

「従順さ」「協調性」を表す指標です。この点数が高い人は、「その場の空気を読むのが上手」「人に合わせるのが得意」「自分に自信がない」「人に嫌われたくないという思いが強い」「人と衝突するのを避けたい」といった特徴があります。最近の日本人はとくに高い傾向に。

FC / 元気な子ども Free Child

「自由奔放さ」「ノリのよさ」を表す指標です。この点数が高い人は、「明るくユーモアがある」「子どものように無邪気にふるまう」「誰に対してもオープンマインド」「人懐《ひとなつ》っこい」「後先を考えない」「自己中心的」「性欲が強い」といった特徴があります。

A / 合理的な大人 Adult

「合理性」「論理性」などを表す指標です。この点数が高い人は、「物事を多角的に考えてから行動する」「中長期的な計画を立て、それに沿って行動できる」「無駄なことが嫌」「理屈っぽい」「計算高い」といった特徴があります。日本人は低い傾向にあります。

NP／

母のような優しさ
Nurturing Parent

「優しさ」を表す指標です。この点数が高い人は、「情に厚い」「恩を忘れない」「他人のお世話をするのが好きで親切」「人の話を聞くのが上手」「母性が強い」「他人への気遣いや思いやりがある」「人が困っていると、助けずにはいられない」などの特徴があります。

CP／

父のような厳しさ
Critical Parent

「厳しさ」を表す指標です。この点数が高い人は、「自分の価値観が絶対であると信じて譲らない」「何事に対しても責任感が強い」「社会的規範や常識に反することや、ルールを守らない人を嫌う」「他人への批判精神が強い」などの特徴があります。日本人は高い傾向にあります。

特設サイトで診断！

どのタイプ？

「新ディグラム診断」20のクエスチョン

あなたの波形を知るために、次の20の質問に「はい」「どちらでもない」「いいえ」の3つから当てはまるものを答えてください。
直感でOK！　すべて答えたら次のページへ。

		はい	どちらでもない	いいえ
1	自分のものを勝手に使われると、腹が立つ			
2	お店でオーダーミスをされると、気分がザワつく			
3	人に貸したお金は、たとえ少額でも覚えている（立て替え含む）			
4	相手のミスが、つい気になる			
5	人を思いやる気持ちは強いほうだ			
6	人の心配事に同情しがち			
7	困った人を見ると、放っておけない			
8	世話好きなほうだと思う			
9	数字やデータなど、客観的事実を根拠に話をするタイプだ			

		はい	どちらでもない	いいえ
10	計画を立てるのが早いほうだ			
11	「もう終わったの!? 早い」と よく言われる			
12	トラブルが発生しても、 冷静に対処する自信がある			
13	大笑いすることがある			
14	ノリがよく、ハメを外すこともある			
15	「いつも楽しそうだね」と 人によく言われる			
16	自分は好奇心旺盛《おうせい》なタイプだと思う			
17	人に対して「怒っていないかな？」 「怒るんじゃないかな？」と ビクビクしてしまうことが多い			
18	人の言葉や態度が気になる			
19	人が自分のことをどう思っているか、 気になってしまう			
20	思ったことをなかなか言えない			

記入例

配点表サンプル

前のページで選んだ自分の回答に○印をつけていきます。

A

	はい	どちらでもない	いいえ
9	◯2点	1点	0点
10	2点	1点	◯0点
11	◯2点	1点	0点
12	2点	1点	◯0点

CP

	はい	どちらでもない	いいえ
1	2点	1点	◯0点
2	◯2点	1点	0点
3	2点	◯1点	0点
4	2点	◯1点	0点

FC

	はい	どちらでもない	いいえ
13	2点	1点	◯0点
14	2点	◯1点	0点
15	2点	1点	◯0点
16	◯2点	1点	0点

NP

	はい	どちらでもない	いいえ
5	2点	◯1点	0点
6	2点	◯1点	0点
7	2点	◯1点	0点
8	◯2点	1点	0点

AC

	はい	どちらでもない	いいえ
17	2点	◯1点	0点
18	2点	1点	◯0点
19	◯2点	1点	0点
20	◯2点	1点	0点

記入例

書き込み表サンプル

配点表の点数を5つある指標ごとに合計します。

	CP	NP	A	FC	AC
合計	4点	5点	4点	3点	5点

各指標の合計点を下のグラフに書き入れ、線で結びます。

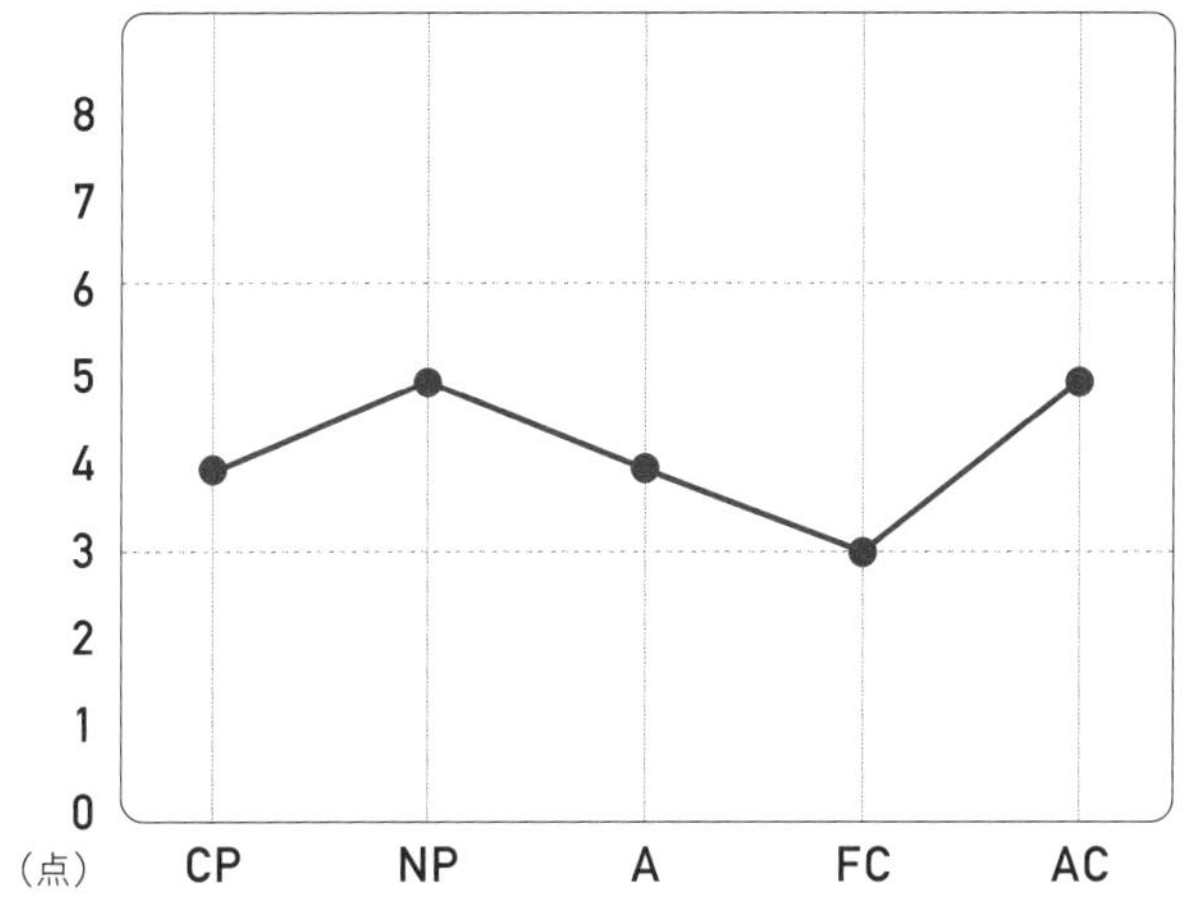

次ページに自分の結果を書き込んでみましょう！

書き込み用

特設サイトで診断！

配点表

では、実際に、以下にあなた自身の結果を書き込んでみましょう。

A

	はい	どちらでもない	いいえ
9	2点	1点	0点
10	2点	1点	0点
11	2点	1点	0点
12	2点	1点	0点

CP

	はい	どちらでもない	いいえ
1	2点	1点	0点
2	2点	1点	0点
3	2点	1点	0点
4	2点	1点	0点

FC

	はい	どちらでもない	いいえ
13	2点	1点	0点
14	2点	1点	0点
15	2点	1点	0点
16	2点	1点	0点

NP

	はい	どちらでもない	いいえ
5	2点	1点	0点
6	2点	1点	0点
7	2点	1点	0点
8	2点	1点	0点

AC

	はい	どちらでもない	いいえ
17	2点	1点	0点
18	2点	1点	0点
19	2点	1点	0点
20	2点	1点	0点

書き込み用

書き込み表

配点表の点数を5つある指標ごとに合計します。

CP	NP	A	FC	AC
合計　　点	合計　　点	合計　　点	合計　　点	合計　　点

各指標の合計点を下のグラフに書き入れ、線で結びます。

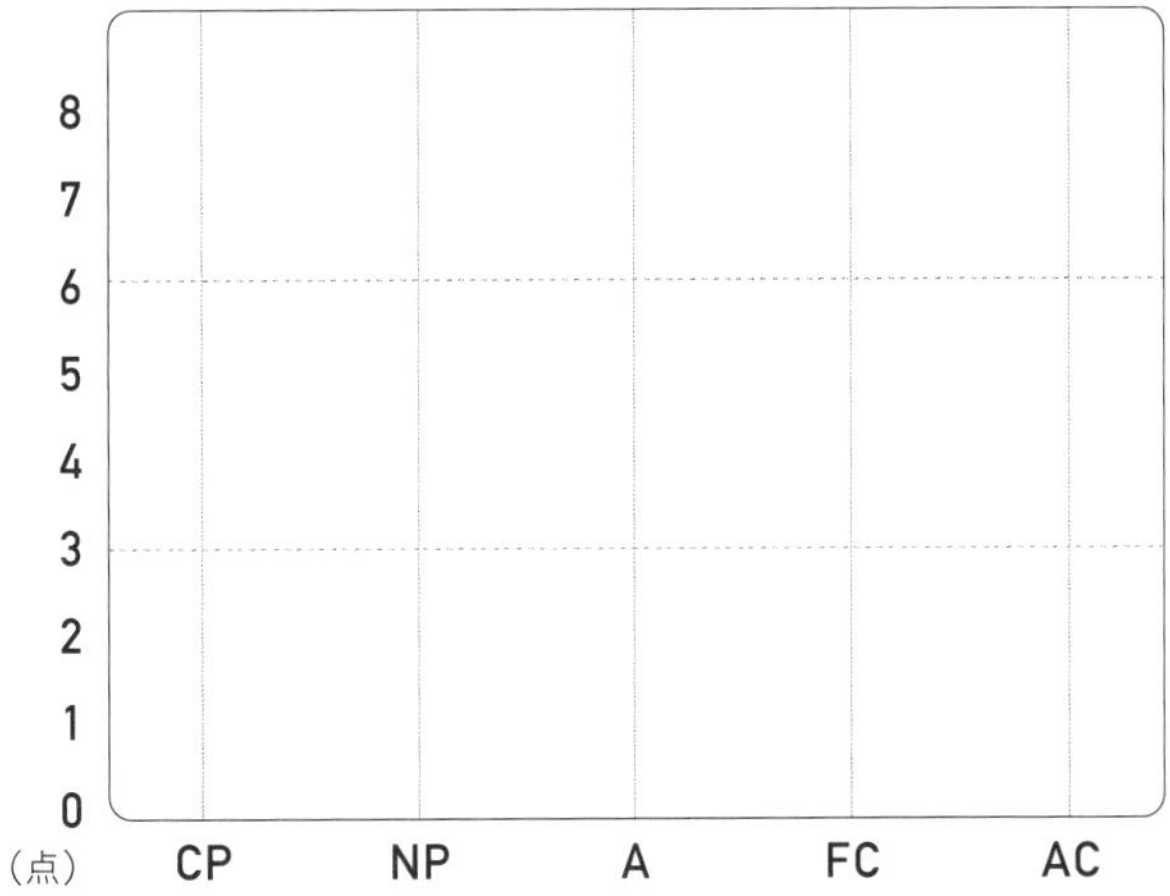

次ページ以降で自分の波形や9つのタイプを見つけてみましょう！

どのタイプ？

「新ディグラム診断」の31の波形

「新ディグラム診断」は、現在31の波形に分かれています。
19ページで書き込んだ自分の波形に一番近いものを
以下の31種の波形から選びましょう。

W型

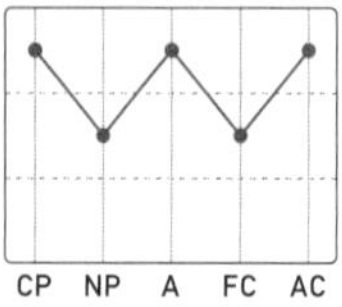

アルファベットのW型。指標のCP、A、ACが高く、NP、FCが低くなっています。

ライン型I

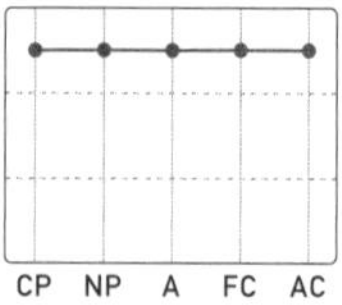

5つのどの指標も一様に平均的かつ高得点。波の形は一直線に近い形をしています。

台形型I

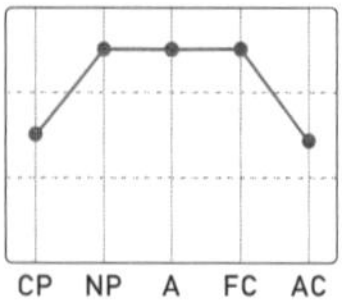

富士山のような台形をしています。NP、A、FCが高くなっており、CP、ACが低い位置に。

ライン型II

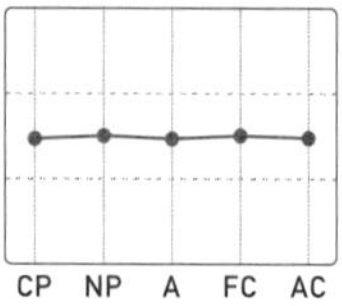

線があまりガタガタせず平均的。どの指標も中得点で一直線に近い形をしています。

台形型II

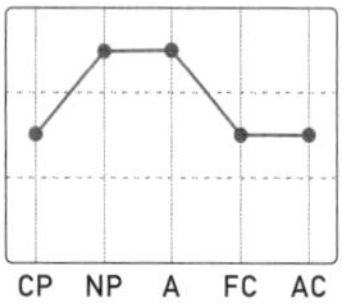

左側に山がくる台形の波形。NP、Aが高くなっていて、CP、FC、ACが低い位置に。

ライン型III

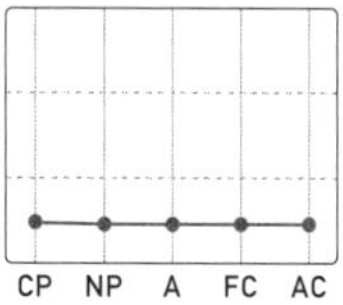

線があまりガタガタせず平均的。どの指標も低い得点で、一直線に近い形をしています。

台形型III

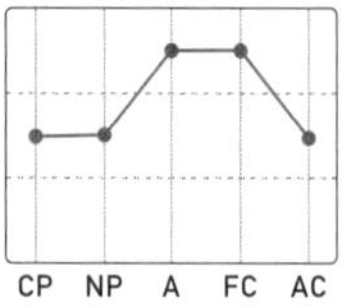

右側に山がくる台形の波形。A、FCが高くなっていて、CP、NP、ACが低い位置に。

M型

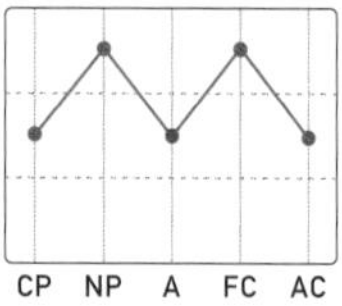

アルファベットのM型。指標のCP、A、ACが低く、NP、FCが高くなっています。

N型II

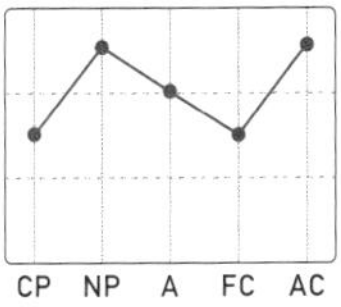
CP NP A FC AC

アルファベットのNの形。NP、ACが一番高く、CP、FCが低く、Aが真ん中の位置に。

N型III

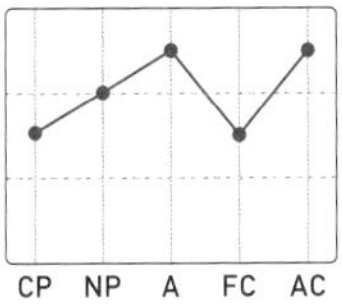
CP NP A FC AC

アルファベットのNの形。A、ACが一番高く、CP、FCが低く、NPが真ん中の位置に。

逆N型I

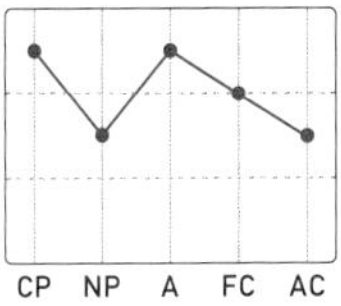
CP NP A FC AC

アルファベットのNの鏡文字。CP、Aが一番高く、NP、ACが低く、FCが真ん中の位置に。

逆N型II

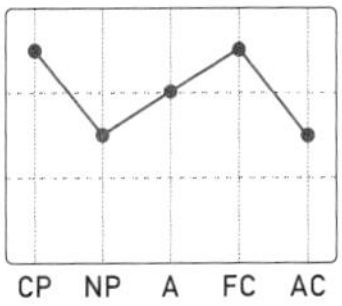
CP NP A FC AC

アルファベットのNの鏡文字。CP、FCが一番高くて、NP、ACが低く、Aが真ん中の位置に。

U型I

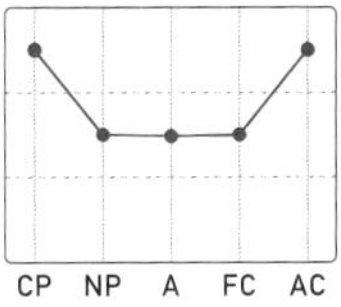
CP NP A FC AC

アルファベットのUのような型。CPとACが高く、NP、A、FCが低い位置の波形に。

U型II

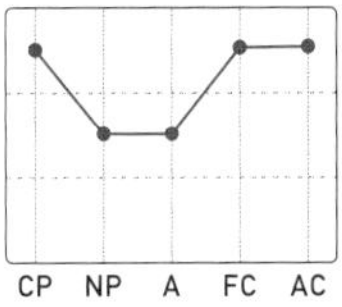
CP NP A FC AC

左側にアルファベットのU型ができます。CP、FC、ACが高く、NPとAが低い位置に。

U型III

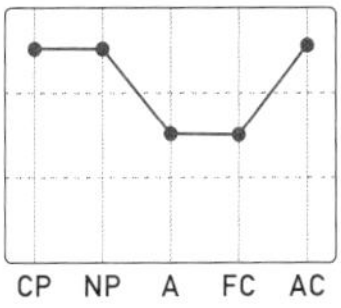
CP NP A FC AC

右側にアルファベットのU型ができます。CP、NP、ACが高く、AとFCが低い位置に。

N型I

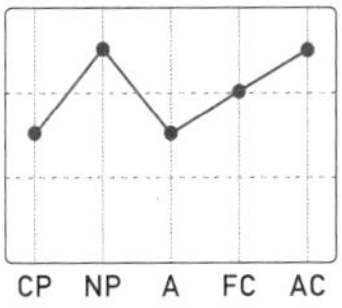
CP NP A FC AC

アルファベットのNの形。NP、ACが一番高く、CP、Aが低く、FCが真ん中の位置に。

FCトップ型

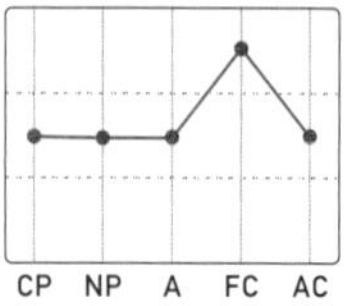
CP NP A FC AC

FCが、他に比べて圧倒的に高くなっている波形。その他の指標は多少バラバラでもOK。

逆N型III

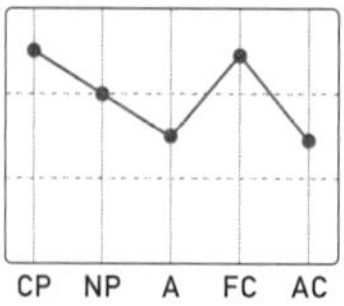
CP NP A FC AC

アルファベットのNの逆型。CP、FCが高くて、A、ACが低く、NPが真ん中の位置の波形。

ACトップ型

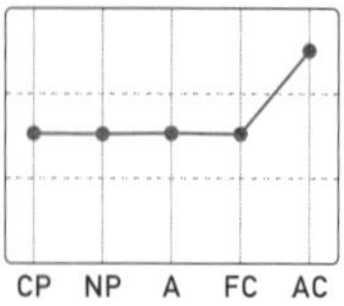
CP NP A FC AC

ACが、他に比べて圧倒的に高くなっている波形。その他の指標は多少バラバラでもOK。

CPトップ型

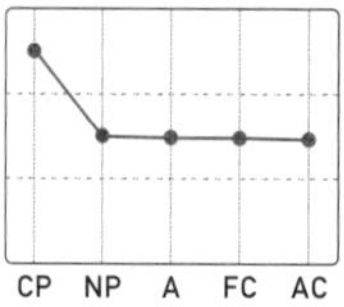
CP NP A FC AC

CPが、他に比べて圧倒的に高くなっている波形。その他の指標は多少バラバラでもOK。

CPボトム型

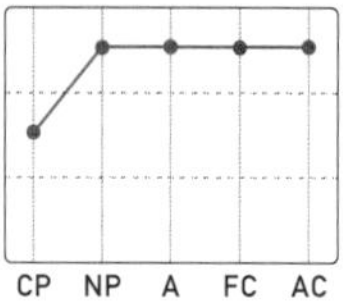
CP NP A FC AC

CPが、他に比べて圧倒的に下の位置にある波形。その他の指標は多少バラバラでもOK。

NPトップ型

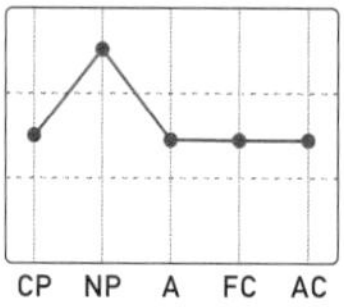
CP NP A FC AC

NPが、他に比べて圧倒的に高くなっている波形。その他の指標は多少バラバラでもOK。

NPボトム型

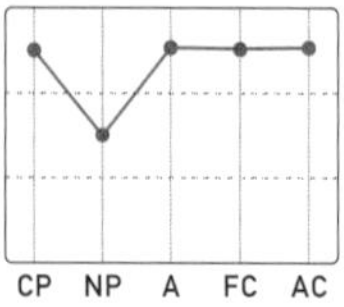
CP NP A FC AC

NPが、他に比べて圧倒的に下の位置にある波形。その他の指標は多少バラバラでもOK。

Aトップ型

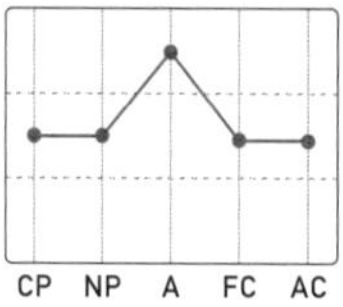
CP NP A FC AC

Aが、他に比べて圧倒的に高くなっている波形。その他の指標は多少バラバラでもOK。

Z型I

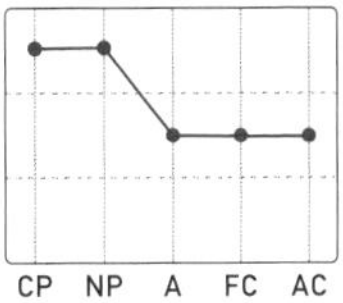

アルファベットのZ型。CP、NPが高く、A、FC、ACが低い位置で並んでいる波形。

Z型II

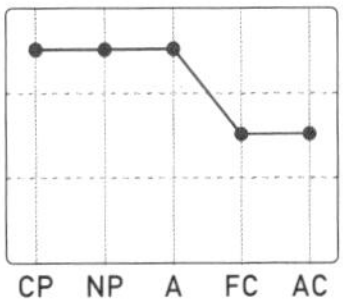

アルファベットのZ型。CP、NP、Aが高く、FC、ACが低い位置で並んでいる波形。

逆Z型I

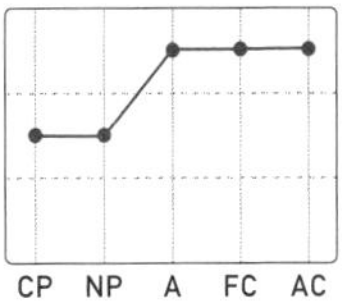

アルファベットのZの鏡文字。CP、NPが低く、A、FC、ACが高い位置で並んでいる波形。

逆Z型II

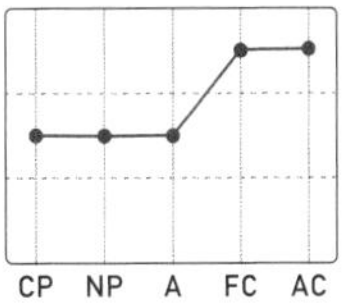

アルファベットのZの鏡文字。CP、NP、Aが低く、FC、ACが高い位置で並んでいる波形。

Aボトム型

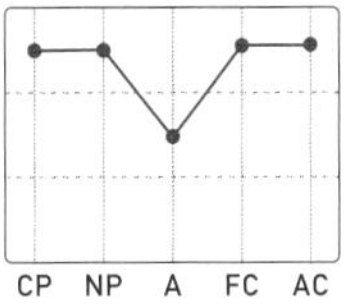

Aが、他に比べて圧倒的に下の位置にある波形。その他の指標は多少バラバラでもOK。

FCボトム型

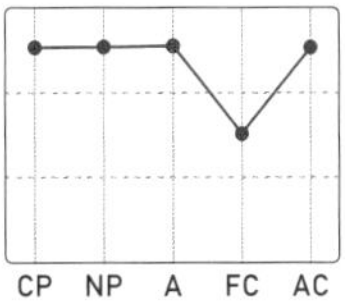

FCが、他に比べて圧倒的に下の位置にある波形。その他の指標は多少バラバラでもOK。

ACボトム型

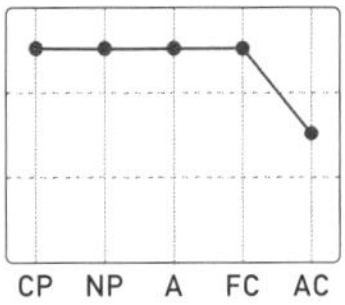

ACが、他に比べて圧倒的に下の位置にある波形。その他の指標は多少バラバラでもOK。

どのタイプ？

31の波形をさらに「9つのタイプ」にする

［賢者系］

アクティブリーダータイプ

ライン型Ⅰ、台形型Ⅰ、台形型Ⅱ、ACボトム型、Z型Ⅱ

明るく、面倒見がよく、行動力や向上心があるリーダー的存在。目標に忠実で、最短距離を目指すために、周囲の都合を考えずに強引に進めることも。周りから「ついていけない」「○○さんは優秀だから、できない人の気持ちがわからない」と思われたりもします。

［慎重系］

コツコツバランスタイプ

ライン型Ⅱ、ライン型Ⅲ

「これがしたい」「あれが欲しい」という欲求が希薄。波風を立てたり、面倒に巻き込まれるのが苦手。自分の世界に踏み込まれたくないという思いが強く、常に空気を読み、トラブルを避けるように行動します。そのため周囲から「おとなしい人」と思われがち。

［楽天系］

ムードメーカータイプ

M型、台形型Ⅲ、FCトップ型、CPボトム型、逆Z型Ⅰ

明るく、社交的で友人が多い。ノリがよく、フットワークも軽い。行動力も抜群。深く悩まず、シンプルに物事を考えるので意思決定も早いのですが、興味の対象も幅広く、1つのことに没頭するのは苦手。気が多いので、人との約束や課題などをつい忘れてしまうことも。

「新ディグラム診断」では、31の波形で細かく分析していますが、
本書では、近い性格同士をまとめて9つのグループに大きく分類します。
まずは自分の波形が9グループのどれに属しているかチェックしてみましょう。

〔 職人系 〕

こだわりタイプ

CPトップ型、NPボトム型、Z型Ⅰ

曲がったことが大嫌いな常識人間。こだわりが強くて視野が狭く、周囲の評価も気にしないので、嫌なものは嫌とはっきり拒絶します。そのため周囲からは「融通《ゆうずう》が利かない」と思われがち。人の感情や空気を読むのが苦手なので、周囲との衝突も多いようです。

〔 豪快系 〕

パワフルタイプ

逆N型Ⅱ、逆N型Ⅲ

ノリがよく、楽しいことや自分の欲求に忠実。そのための努力は惜しまず、しかも要領よくこなせます。自分のペースで周囲を振り回すので、周りからは「ワガママ」「ついていけない」と思われたりしますが、目上の人からはその実行力を評価されることが多いようです。

〔 献身系 〕

のほほん舵取りタイプ

U型Ⅲ、N型Ⅰ、N型Ⅱ、NPトップ型、FCボトム型

優しくて穏やか。その場の空気を読むのがとてもうまい人。自己主張は控えめで気配り上手ですが、「他人に迷惑をかけてはいけない」という意識が強いため、気遣いをしすぎたり、自分の行動を反省するあまり、ストレスをためがち。自己肯定感も低めです。

31の波形をさらに「9つのタイプ」にする

[謙虚系]

ストイックインドアタイプ

W型、U型Ⅰ、N型Ⅲ、ACトップ型、逆Z型Ⅱ

無口でおとなしいですが、自分の主張はしっかりあるタイプ。物事を論理的に考えるのが得意ですが、慎重すぎるがゆえにネガティブ思考に陥りがちです。何かやりたいことがあっても、「失敗したら」との不安が先立ち、行動に移せず、チャンスを逃すこともしばしば。

[冷静系]

ロジカルエリートタイプ

逆N型Ⅰ、Aトップ型

非常に論理的で、どんなときでも冷静沈着。自分の長所・短所を理解し尽くしているので、無謀な挑戦はしません。トラブルが起きても動じず、淡々と処理できます。要領がよく優秀であるがゆえに、効率を重視しすぎ、人の心に対して鈍感で、「冷たい人」と思われたりします。

[直感系]

アイデアマンタイプ

U型Ⅱ、Aボトム型

感性が豊かで、直感力に優れています。思い立ったら即行動のバイタリティもあります。後先を考えず、常識にとらわれない発想や行動で、周囲を驚かせることも多い天才肌。ただし、論理的に物事を考えるのが苦手で、プレッシャーに弱く、力を発揮できないケースも。

Part1

新ディグラム診断でわかる9つの性格

賢者系

アクティブ
リーダータイプ

31の型で
このタイプに
入るのは

・ライン型I
・台形型I
・台形型II
・ACボトム型
・Z型II

周囲をどんどん
引っ張って形にする
「夢追い人」

01

ディグラム木原の
データ分析

人生満足度は
圧倒的トップ。
ただし調子に
乗るのはNG！

このタイプの特徴

長所
・整理整頓が得意
・家族を大事にする
・連絡がマメ
・非常時に焦らない

短所
・表裏があり、本音を言わない
・人に厳しく、当たりが強い

基本的な性格

自己肯定感が高く前向き

〔人生への満足度〕

人生に対する満足度は、かなり高いタイプです。これまでの自分の歩みを振り返ってみても、「ああ、あれをすればよかった」というような後悔は比較的しないタイプです。

「過ぎてしまったことは、悩んでも仕方ない！　後悔するぐらいなら、未来を見よう！」と常にポジティブ。ちょっとくらい失敗があっても明るく前を向いています。

自己肯定感も高いので、周囲からはいつも自信に満ち溢《あふ》れて見えるかもしれません。

常にポジティブな姿勢で、他人と比べて「どうして自分は○○なんだろう」というように、落ち込んだり卑屈になったりすることも少なく、「自分がよければ、それでいい！」と、いつも希望を持っています。

〔気質〕

基本的に温厚な性格です。とくに女性の場合は、あまり他人と言い争ったりすることを好みません。いつでもニコニコしています。

明朗快活な性格ですが、男性の場合は時々、厳格な態度を見せて、他人を叱ったりすることもあるようです。

また、このタイプの人は、子どものころから精神年齢が周りの人よりも高いので、中学や高校など、学生時代は周囲の人が幼く見えたこともあったでしょう。

仕事でもプライベートでも、何に対してもよく考えるタイプで、計画を立てるのが得意です。さらに、自分が立てた計画をきちんと実行に移すことができます。

また、計画を考えてから実行に移すまでのサイクルは短く、次々と行動していくタイプです。途中で何か予想外のことが起こったとしても、慌てたりせず、冷静に対処してトラブルを解決することができます。

集中力、洞察力も申し分ありません。

〔行動〕

好奇心がとても強く、トレンドに対していつもアンテナを張っています。自分の興味がある分野だけでなく、幅広いことに関心を寄せています。そのため情報収集を欠かしません。

このタイプの人は、決してミーハーというわけではありませんが、世の中で流行《はや》っていることは、知っておきたい、とりあえず押さえておきたいという傾向があります。

また、そうやって情報を得たものの中で、自分が気になったことは積極的に取り入れたいとも考えています。

次から次へと新しいことにチャレンジし、行動力も抜群です。

思い立ったら即行動。フットワークが軽いのも取り柄です。

［勉強や仕事］

仕事に対する満足度は高く、たまに不満を持つことがあったとしても、自ら積極的に解決していきます。そして日々、仕事にやりがいを持って臨んでいます。

また、職場の人間関係も円滑にこなすことができます。仕事熱心ではあるものの、「仕事の鬼」というわけではありません。きちんと家族や友人との時間や、1人の時間を確保するなど、プライベートも大切にするタイプ。

ワークライフバランスに対する満足度も高いといえるでしょう。

仕事内容では数字処理など、細かい作業も得意です。交渉力・プレゼンテーション力にも優れているので、営業でもよい成績を残すことができます。さらに、自分の考えやアイデアを積極的に提案できるので、クリエイティブな仕事にも向いて

アクティブリーダータイプ
計画即実行！が得意

います。

勉強に関しても計画性があり、試験や目標に向かってコツコツと取り組むことができます。

人間関係
世話好きだが、人に厳しい一面も

［基本的なスタンス］

人間関係は「広く浅く」が基本姿勢。人見知りをするようなことはなく、初対面の人にも自分から話しかけていくことができます。

自己主張は強めですが、会話のキャッチボールはうまくこなすことができます。そのため、人間関係に対する満足度は高いといえるでしょう。

また、オープンマインドで話せる人で、人に好かれやすいタイプです。どんな年代の人とも付き合えますが、どちらかというと自分より優れている人と交流したいという思いが強いよう。これは向上心があるからで、自分が人からさまざまなことを吸収したいと考えているのです。

人間関係においてもそつがないため、常に味方してくれる人を見つけています。ですから、いざとなったときには頼れる人もいます。

明るく陽気で、突然の誘いにも応じるなどフットワークは軽いのですが、気が乗らない誘いや、メリットを感じない誘いはキッパリと断ることができます。

このタイプの人は自分に厳しく、約束やルールを遵守《じゅんしゅ》するので、自分のようにルールを守れない人を嫌う傾向にあります。

プライドも高く、常に人よりも優れていたいと思っているため、勝負事や競争があると、ついつい熱くなりがち。周りから注目されたいと思っている人も多く、承認欲求も強いようです。

「自分の意見は通さないと気が済まない」と、自己主張も強いために、周りの人には「当たりが強い」と思われることもあります。

【人への共感性】

他人に対しては、とても優しく、共感力も非常に高いのが特徴です。世話好きで、困っている人がいると、なんとかして助けてあげたいという思いも強いです。

しかし「助けたい」という気持ちには、人をどこか一段上から見ていたり、「自分が助けてやろう」というおごりがあったりすることからきている部分があります。ただ単に、自分のプライドを満たすためのお節介な側面も垣間見えます。

また、このタイプの人は、相手の期待に応えようとしてガマンや無理をすることもあります。しかし、それにも「やってあげた」と、人に貸しを

9タイプ中

アクティブリーダーが“ナンバーワン！”の性格要素

家族や友人との
関係に満足している
必要なときに
頼れる人がいる
「自分は人に
好かれるほう」と
思っている
No.1

作って自分が優位に立ちたい思いが強いという理由があるようです。

［他人への興味］

このタイプの人は、相手の学歴や社会的地位などを気にしますが、それによって自分がマウントを取りたいとか、相手によって態度を変えるということはとくにありません。

それよりも気になるのは、相手のリアクションの細かいところや、「相手が自分のことをどう思っているか？」といった点です。

とはいえ、相手と話している最中に、相手の反応が悪かったとしても、落ち込んだり、考え込んだりするようなことはありません。

このタイプは自分に厳しく、自分がミスをするのは許せません。そのせいか、自分のミスと同様に、相手のミスについても厳しく、とくに遅刻などは大嫌い。たとえ「遅刻をする」と連絡があったとしても、とても不愉快に感じます。

［恋愛］

男女とも異性に対する興味がとても強く、恋愛に対しては積極的です。常にパートナーがいてほしいと思うタイプです。

パートナーがいると、恋愛にのめり込んでしまう人もいますが、このタイプは、恋愛をしているときのほうが、仕事も勉強も頑張れるようです。

また、「自分は恋愛運がある」と自覚している人も多いようで、恋人と別れてもすぐに新しいパートナーを見つけることができます。

パートナー選びに関しては、外見よりも内面を重視する傾向が。とくに女性はイケメンかどうかよりもハートが大切だと思っています。おしゃれにも気を使っており、恋愛満足度は高いほうです。

賢者系

アクティブリーダータイプと他のタイプとの相関図

のほほん舵取りタイプ
バッテリーのようなよい関係
アクティブリーダータイプ
お互いチームワークを重視
パワフルタイプ
暴走しやすいし、和を乱すから好きじゃない
ロジカルエリートタイプ
お互い合理的なところで理解し合える
ストイックインドアタイプ
相互補完はできる
アイデアマンタイプ
一長一短。爆発力は尊敬できるけれど、場の調和を乱すところは認められない
こだわりタイプ
こだわりが強いところはリスペクト。ただ、行動力が伴わないからピンとこない
ムードメーカータイプ
相手のノリがよすぎてイラッとすることも
コツコツバランスタイプ
自分がやりたいことを助けてくれる

慎重系

コツコツ
バランスタイプ

31の型で
このタイプに
入るのは

・ライン型II
・ライン型III

周囲と調和を保ち、
平和に無事に
楽しく暮らしたい！

02

ディグラム木原の
データ分析

日本人に出現率
ナンバー1。
ここぞというときは
アクセル全開で！

このタイプの特徴

長所

・波風を立てない
・目標を1回定めると、それに向かっての行動は早い

短所

・なかなか自分から行動できない
・野次馬根性的性格
・周囲の空気に流されやすい

基本的な性格

温厚で行動力は控えめ

［人生への満足度］

このタイプは、自分の人生に対して、満足していないわけでもなく、かといって「こうしたい」という強い思いがあるわけでもありません。単に、自分の今の人生が平々凡々だから満足していないだけなのです。

とはいえ、「将来、こういうことをしたい」という希望は強くあって、とくに女性の場合は、将来の夢や憧《あこが》れ、未来の自分に対する「なりたい像」がはっきりしているようです。

このタイプの女性は、何に対しても自分を軸として考えることができますが、男性の場合は何かと他人と比較してしまいがち。

嫌なことがあったときは、男性はグチグチと弱音を吐いてしまいますが、女性の場合はグッと1人で耐え忍ぶ強さがあります。

［気質］

基本的には穏やかな性格ですが、ニコニコ明るいというよりも、暗くて無口。よくいえば落ち着いた印象を与えるともいえます。

このタイプは、他人からも「おとなしい人」と見られがちですが、実は繊細《せんさい》というよりも「図太い」といったほうが近く、本人もそれを自覚しているはず。

仲間や友人と一緒に過ごすのも好きですが、どちらかというと1人でいるのが気楽。1人で出かけたり、1人で食事に行ったりするのも苦にならず、誰かが一緒にいないと寂しいといったキャラクターではありません。

〔行動〕

計画性については、少し乏《とぼ》しい面があります。旅行などの計画を前々から練《ね》ったりするようなことはあまりせず、行き当たりばったりなところがあります。しかし、とても集中力があり、物事を理解する速度は速いので、それで問題が起こることはありません。

計画性には乏しいものの、「嫌なこと」や「やりたくないこと」は後回しにしないで、すぐに処理するよう心がけています。

それは、「○○が残っている」「あとで○○をやらないといけない」と思うと、ずっと気になってしまい、心が落ち着かないため、「先に片付けてしまおう！」という心理が働くからです。

新しい物事や流行に対する好奇心は薄いほうで、世間で人気だからといってすぐに飛びつくようなことはありません。そのため、行動力に欠けると思われている面があるようです。

〔勉強や仕事〕

仕事に対する満足度は、可もなく不可もなくといったところです。

今の仕事をずっと続けたいと思っているわけではないものの、かといって転職活動をしたり、資格を取るなど、具体的に何か一歩踏み出すようなアクションはありません。

それは、もしかしたら職場の人間関係に対して、特別不満を抱いていないということが大きいかもしれません。

仕事やプライベートのワークライフバランスに対しても、特別満足しているわけではないものの、現状維持で問題ないと考えています。

仕事への態度は、とても真面目で几帳面。数字の処理のような緻密な作業なども、そつなくこなすことができます。

交渉力やプレゼン能力にも優れていて、とくに女性に得意な人が多いようです。そのため会議などで積極的に発言する人が多いといえます。

とはいえ、そういった行動は、自我が強くて積極的になっているというよりも、「仕事は仕事」と割り切って、自分の役割はきちんと果たしたい

コツコツバランスタイプ

一人を心から楽しめる人

との考えからです。

仕事も勉強も時間を決めて頑張り、終わればサッと忘れて、プライベートを楽しむなど、切り替えの早さもあります。

人間関係

交友関係は、「誰とでも」より「狭く深く」

［基本的なスタンス］

常に空気を読んで、トラブルを避けるように行動するため、人から嫌われることはあまりありません。そのため人間関係にも、これといった不満はないでしょう。

このタイプは、ヘンにプライドが高いことはなく、人の学歴や年収などを気にしたり、住んでいる場所、容姿などでマウントを取ったりすることもあまりありません。

基本的には温厚で、目立ちたがり屋なタイプではありませんが、「周りから注目されたい」「期待されると素直に嬉しい」といった承認欲求は強いようです。

また、一見、穏やかなように見えますが、実は自己主張がやや強い面も。この傾向はとくに女性にはっきり表れ、SNSには旅行先の様子や、グルメ、ペットなどの写真をアップしたり、近況報告を時々投稿したりして、「いいね」などの反応が多いと嬉しいタイプです。

人間関係は「広く浅く」よりも「狭く深く」が基本。誰とでも仲良くなるというより、一度仲良くなったら、とことん語り合い、一生の友となるような関係性を築くほうが得意です。

［人への共感性］

他人に対して、人見知りをすることはありまありません。自分から積極的に話しかけるようなことはありませんが、人から話しかけられたら、うまく話を合わせてコミュニケーションをとり続けることができます。

また、このタイプが心を通じ合わせやすいのは、年上の人よりも年下の人。自分よりも若い人といたほうが、気がラクに感じます。

人付き合いでは、その場のノリでOKの返事をするようなことはありません。食事や遊びの誘いがあったとしても、自分にメリットを感じなければ、あっさりと断ります。

そのため、周りの人から「付き合いが悪い」と思われることもありますが、見方を変えると、その程度の関係性で断ったからといって、その後の人間関係にヒビが入ることはなく、気にする必要はありません。

友人と会話をするときは、承認欲求が強めなの

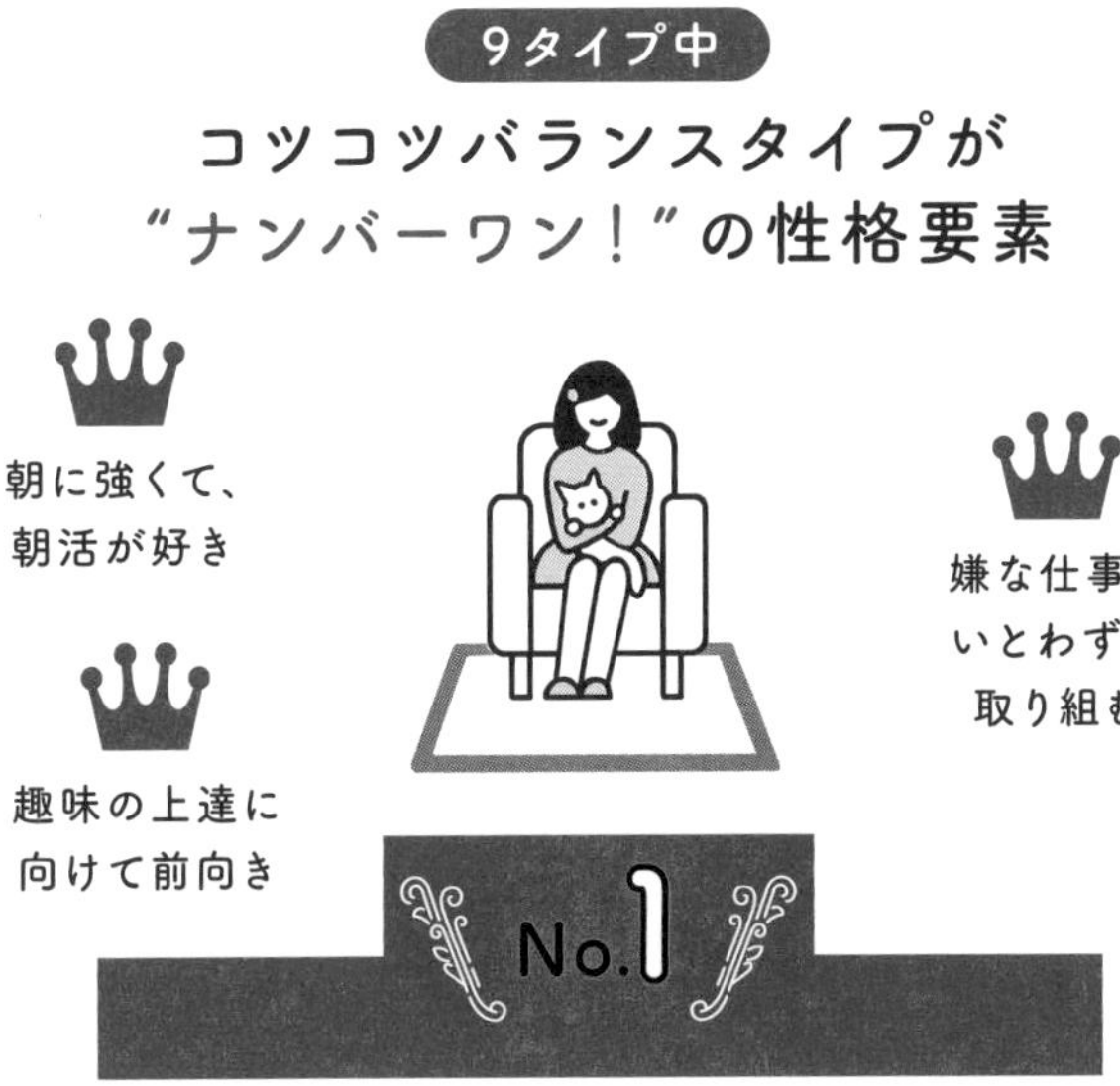
9タイプ中
コツコツバランスタイプが
“ナンバーワン！”の性格要素
朝に強くて、
朝活が好き
趣味の上達に
向けて前向き
嫌な仕事も
いとわずに
取り組む
No.1

で、相手の話に共感するより、自分の話に共感してほしいタイプ。そのため、ついついおしゃべりになる一面があります。

〔他人への興味〕

　他人に対する興味はどちらかというと薄いほうです。相手の地位や、何をしている人か、どんな環境で育った人なのか、あまり関心がありません。

　どこか周囲と一線を引いているところがあり、他人に対する優しさや、共感する気持ち、献身性に欠ける部分があるようです。

　他人とコミュニケーションをとっている最中でも、相手の様子や自分に対してどんな感情を抱いているか、あまり意識しないところがあります。

　しかし相手への無関心な態度は、裏を返せば相手のミスなども気にならないということ。そのため、無駄にイライラすることがありません。

〔恋愛〕

　恋人選びについては、外見よりも内面を重視する傾向があります。男女とも恋愛満足度は不満でも満足でもない、といったところです。

　恋愛に対しては、とくに積極的ではなく、恋人がいてもいなくても、どちらでもいいと思っています。

　しかし恋愛運があり、相手から告白された場合は滅多なことでは断らないので、たとえ自分から積極的に告白をしなくても、恋愛経験は人よりも多めです。寂しがり屋ではありませんが、嫌いでなければ、「まずは付き合ってみる」という人が多いようです。

　デートの待ち合わせなどはギリギリに到着しがちで、とくに男性にその傾向があります。デート費用は、きっちりと割り勘にして、貸し借りなく平等にしたいタイプです。

慎重系

コツコツバランスタイプと他のタイプとの相関図

のほほん舵取りタイプ
居心地はいいがお互い優柔不断で物事が進まない
△
アクティブリーダータイプ
尊敬できる。リア充なところが憧れ
○
パワフルタイプ
振り回される
×
ロジカルエリートタイプ
先を照らしてくれる存在
○
ストイックインドアタイプ
こだわりは尊敬できるが物事が始まらないところが今ひとつ
△
アイデアマンタイプ
突拍子もない行動が多いので理解できない
△
こだわりタイプ
自分にはないこだわりがあって尊敬できる
○
ムードメーカータイプ
ノリがいいのはいいけど、時々ついていけなくて疲れる
△
コツコツバランスタイプ
波風が立たないから居心地がいい
○

楽天系

ムードメーカータイプ

31の型で
このタイプに
入るのは

・M型
・台形型III
・FCトップ型
・CPボトム型
・逆Z型I

いつでも楽しく
ポジティブ！表裏がない
ラテン的な性格

03

ディグラム木原の
データ分析

ノリのよさは
ピカイチ！
でも、人の話をきちんと
聞くように！

このタイプの特徴

長所
- 明るくポジティブ
- チームプレーが得意
- 即行動

短所
- 短絡的、無計画
- 調子に乗る
- 飽きっぽい

基本的な性格

ポジティブで表裏がない人

[人生への満足度]

人生への満足度は、かなり高いほうです。これまでの人生を振り返ると、つらいことがあったとしても思い出すのは楽しいことばかり。

なぜなら、このタイプは、嫌なことがあっても、仲間とワイワイとパーッと騒げば、楽しい体験で記憶が上書きされていくからです。

当然、自己肯定感は高く、失敗したとしても「失敗は成功のもと!」と、クヨクヨ悩んだり引きずったりするようなことはありません。

いつでも、「自分がどう思うか」を大切にしています。そして、その考え方は、とくに女性に強く表れます。

常にポジティブですが、悪くいえば、自身の行動に対する疑念や、自己反省に欠ける面があるということ。

もちろん、あらゆることに対して前向きでいるのは大切ですが、人生をもっとよいものにするために、たまには過去を振り返り、失敗の原因を探ったり、同じような過《あやま》ちを繰り返さないように気をつけるとなおよいでしょう。

〔気質〕

このタイプの人を一言で表すならば、ズバリ「明朗快活」。そして、とても温厚です。

細かいことを気にしないので、よくいえば大胆、悪くいえばガサツなところがあります。

繊細なガラスのハートの持ち主とは正反対で、多少の失敗などは気にしません。必要以上に落ち込んで、何日も引きずるようなこともありません。

また、生き方がとても正直なので、必要以上に自分を大きく見せることはなく、相手にも「ありのままの自分を見てほしい」と考えています。

他人に対し、自分をよく見せようとすることもないため、立場が上の人の前では猫をかぶり、立場が弱い人の前では威張るといったことはまずありません。表裏のない性格で、陰で誰かの悪口を言うこともないでしょう。

このタイプは、嫌なことがあっても、人前ではなかなか弱みを見せたりしません。自分の中で、きちんと消化する強さがあります。

〔行動〕

計画性があるだけでなく、思い立ったが吉日、計画から実行までのサイクルが早いといえます。とにかくすぐに行動に移すフットワークの軽さがあります。

集中力も高く、物事の処理速度も速いため、想定外の出来事やトラブルが起こっても、冷静に対処することができます。

このタイプは好奇心も旺盛《おうせい》で、流行やトレンドは積極的に取り入れていきたい、と考える傾向があります。

チャレンジ精神にも溢《あふ》れていて、常に新しいものがないかアンテナを立て、どんどん取り入れていきます。

〔勉強や仕事〕

　このタイプは、仕事に対する満足度がとても高いです。それは、不満があったとしても、いつも物事のポジティブな側面を探しているからかもしれません。

　同様に、職場の人間関係に対する満足度も高いといえます。

　仕事の能力に関しては、交渉・プレゼンに長けています。自分の考え・アイデアを積極的に提案します。仕事に対しても前向きで、何でもそつなく器用にこなし、とても働き者です。

　とはいえ、「仕事の鬼」ということはなく、プライベートも大切にするタイプで、ワークライフバランスに対する満足度はとても高いといえます。

　勉強に関しても、積極的に取り組み、努力した分の成果をきちんと発揮することができます。

ムードメーカータイプ
みんながためらうようなことも
ノリよく楽しんじゃう！

人間関係

社交的で誰とでも仲良く付き合える

［基本的なスタンス］

明るくて、いつでもポジティブ。

困っている人がいると手を差し伸べる、世話好きな一面があります。

仲間と一緒に行動するのが好きで、スポーツなどでも個人競技よりも団体競技を好みます。仲間やチームの中では、ムードメーカー的な存在。人間関係もとても良好で、満足しています。

プライドも高くはなく、人と比べて優劣をつけたり、プライドが邪魔をして人間関係がギクシャクすることもありません。

また、自分より優れている人との交流にも、臆《おく》することはなく、むしろ積極的に接したいと考えています。

このタイプは、自分が中心となるよりも、人との関わり合いを大切にしています。そして、誰とでも付き合える長所があります。

たとえば、普通の人なら避けるような社会常識に欠けた人物に相対したとしても、広い心で接します。人に不快な思いをさせられても、根に持ったりすることがありません。まるで仏のように懐《ふところ》が深いのです。そのため、人に好かれることが多いでしょう。

さらに、かなり目立ちたがりな面もあるため、人から期待されると嬉しく思い、張り切ってしまうところがあります。

基本的に人好きなので、人見知りをするようなことはないようです。人間関係は「広く浅く」を基本としています。そして、困ったときや誰かに相談に乗ってもらいたいときなど、いざというときに頼れる相手もいます。

明るく陽気で、突然の誘いなどにもすぐさま応じるなど、フットワークが軽く、人と話すのが大好き。とくに女性はおしゃべりな人が多いのですが、かといって一方的に話すことはなく、会話のキャッチボールも上手です。

〔人への共感性〕

他人に対してとても優しく、共感する力も非常に高いタイプです。世話好きで、困っている人を助けたいという思いも強く持っています。

ボランティア活動を売名行為などに利用する人もいますが、このタイプの人は性格に表裏がないので、他意はなく、純粋に「人のために何かをしてあげたい」という思いで行動します。

とにかくラテン的な明るい性格なので、困っている人や落ち込んでいる人がいると、自分の心もザワついてしまいます。

9タイプ中

ムードメーカータイプが “ナンバーワン！”の性格要素

飲み会は
コミュニケーションが大事
人に対して寛容
10年後の自分に
明るい希望を
持っている
No.1

このタイプにとっては、みんながハッピーでいることが、自分自身が楽しい人生を送るために、とても大切なことなのです。

［他人への興味］

このタイプは、相手の社会的地位などは気にしませんし、それ次第で態度を変えることもありません。相手が自分のことをどう思っているかといったことも気になりません。

相手がミスをしたとしても、いちいち責めたりせず、「気にしないでいいから」と、相手を許せる心の広さがあります。

人に何かをシェアしたいという気持ちが強いため、「自分のもの」「相手のもの」と、しっかり線引きをせず、1つのものを分け合ったり、ものを貸し借りしたりすることも日常的です。

［恋愛］

男女とも恋愛に対する満足度はとても高いほうです。

恋愛には積極的で、少しでも気になる人がいれば、自分からデートに誘ったり、ガンガンとアプローチしていきます。

また、本人も「自分は恋愛運がある」と感じていて、これまで付き合ってきたパートナーにも恵まれているようです。

このタイプは、恋人を選ぶときは、お金より愛があるかどうかを重視します。付き合ったら1分1秒でも一緒にいたいと考える傾向があります。

ファッションにも気を使っていて、いつでもおしゃれ。見た目も大事にしています。

しかし、同じことを相手に求めることはありません。

楽天系

ムードメーカータイプと他のタイプとの相関図

のほほん舵取りタイプ
巻き込みやすい
○
アクティブリーダータイプ
頼りになる
○
パワフルタイプ
価値観が合えばいいけど、お互いに地雷を踏むと爆発
△
ロジカルエリートタイプ
理詰めでこられると困る
×
ストイックインドアタイプ
話が嚙み合わない
×
こだわりタイプ
嚙み合わない。ノリが合わない
×
アイデアマンタイプ
価値観が合えばいいけど合わないとダメ
△
ムードメーカータイプ
一緒にいて楽しい
○
コツコツバランスタイプ
巻き込みやすい
△

04

ディグラム木原のデータ分析

とにかく何にでもこだわり度No.1！真面目さが玉にキズ！

職人系

こだわりタイプ

31の型でこのタイプに入るのは

・CPトップ型
・NPボトム型
・Z型Ⅰ

曲がったことが大嫌い！自分をしっかり持っている筋の通った人

このタイプの特徴

長所
・手先が器用
・ルールを遵守する
・しっかりしている
・どっしり安定感がある

短所
・融通《ゆうずう》が利かない
・自分が納得しないと動かない

基本的な性格

よくいえば真面目、悪くいえばカタブツ

［人生への満足度］

このタイプは、人生に満足しているわけではなく、かといって何か不満を感じているわけでもありません。

「人生とはこういうものだ」と、達観しているようなところがあるのです。

自己肯定感も低いほうで、とくに自分の将来について、「これをしたい」「あれをしたい」「こういう人生を送りたい」という目標はなく、未来に対して不安を感じています。

「このままではいけない」という思いも人一倍強く、だからといって何かをしようと行動に出るわけでもなく……。心の奥深くにいる自分が「今のままでいい」と頑固に居座っている感じでもあります。

また、このタイプの男性は、実際はともかくとして、「自分は運が悪い」と思っている人が多いのが特徴です。

［気質］

基本的に厳格で辛辣《しんらつ》な性格。悪くいってしまうと、頑固親父、カタブツ、ド真面目。

他人とワイワイ楽しんだり、ノリで遊ぶようなことはありません。

たとえば、学生時代、学校の休み時間など、教室の後ろのほうにみんなが集まって盛り上がっていても、その輪には加わらずに一人で本を読んだり、早弁をしたり、ノートに落書きをしたりと、他人のことに関心のない人物がいませんでしたか。まさにあのタイプ。

みんなと騒いだり、仲良くやっていきたいとも思わないし、そもそもフットワークが軽くないので自分の席から動きたくないのでしょう。

性格は、繊細かというとそうでもなく、細かいことは気にしません。

とくに女性の場合、自分のことを「図太い」と思っている人が多いようです。一人焼肉、一人ディズニーランドなどにも平気で行けるタイプです。

ただ、このタイプは男性に限っていえば、ちょっとだけ精神年齢が低めです。へそを曲げると手に負えない、駄々《だだ》っ子のような一面があります。これは、本人も自覚しているのではないでしょうか。

［行動］

男性と女性とで少し傾向が違いますが、男性の場合、計画を立てたり深く考えたりするのが苦手。だからといって行き当たりばったりに行動することはなく、そもそも行動に移せない、というタイプです。

女性の場合、思慮深さや計画性は、そこそこ普通にあるといえるでしょう。

基本的に保守的な考えで、流行や体験したことのないものに対する好奇心は薄め。自分から新しいことをやろうとすることは、ほぼ皆無。人から誘われても、チャレンジしようとは思いません。

フットワークも軽いほうではなく、何かと腰が重いのが特徴です。

［勉強や仕事］

仕事に対する満足度は普通。これは、今にとても満足しているわけではないけれど、転職をしたり新しい仕事を始めたりするような行動力はなく、かといって不満点を挙げろといわれても、別に何もない……。つまり、消去法的に「現状のままでいい」と考えているからです。

同じように、職場の人間関係やワークライフバランスに対しても、可もなく不可もなくといったスタンスです。

仕事や勉強の能力面においては、集中力がなく不器用なほうですが、基本的には真面目な性格なので、多少時間がかかってもケアレスミスは少な

ド真面目こだわりタイプ
「信号は青じゃないと渡りません！」

く、きっちり仕上げられるタイプ。
交渉力やプレゼン力は低いので、事務作業などに向いています。

人間関係

人見知りだが、他人に対して厳しい

［基本的なスタンス］

このタイプは、基本的には人見知りです。人間関係は不必要に広げたくないという考えのため、誰とでも仲良くなるような社交的な面は持ち合わせていません。

性格は厳格で、他人に対しても手厳しいところがあります。友人や恋人からの「今から飲みに行かない？」とか「今週末、旅行に行かない？」といった突然の誘いは、「そんなに急に言われても……」ときっぱり断ります。

また、相手からの頼みごとも、自分にとってメリットを感じられなければ断ることも多く、「自分は人から嫌われるほうだ」と自覚しているようです。

普段から人との交流は少なく、いざというときに頼れる人がいません。そのため、自分一人で何とかしようともがくことが多いでしょう。

人間関係も、不満があるわけではないのですが、満足でもない、といったところ。それは、人と助け合っていくというより、自分がどう生き残るかを重視しているため、人との関わりをとくに求めていないからです。

つまり、あくまでも自分が主体。

人との優劣を気にしないので、プライドが高いということもなく、その人の学歴や社会的地位で相手に対してプラスやマイナスの感情が生まれることもないでしょう。

対人関係では、倫理観や社会常識に欠ける人に対しては強い嫌悪感を持ちます。

喜怒《きど》哀楽《あいらく》を表に出すことは少ないのですが、実は感情の起伏が激しい面があるので、腹が立つと急に怒鳴ったり、モノを投げたりして、攻撃的になるところがあります。

［人への共感性］

他人に対する共感性は薄いほうです。人が何をしようと関係なく、家族や友人に祝いごとがあっても、一緒に祝ったりするような優しさや共感性が少なめです。

ドキュメンタリー番組や映画などを観ても、主人公や登場人物に感情移入することはあまりありません。

困っている人を見ても、「きっとつらいだろう」と共感することが少なく、自分が何とかして助け

9タイプ中

こだわりタイプが “ナンバーワン！”の性格要素

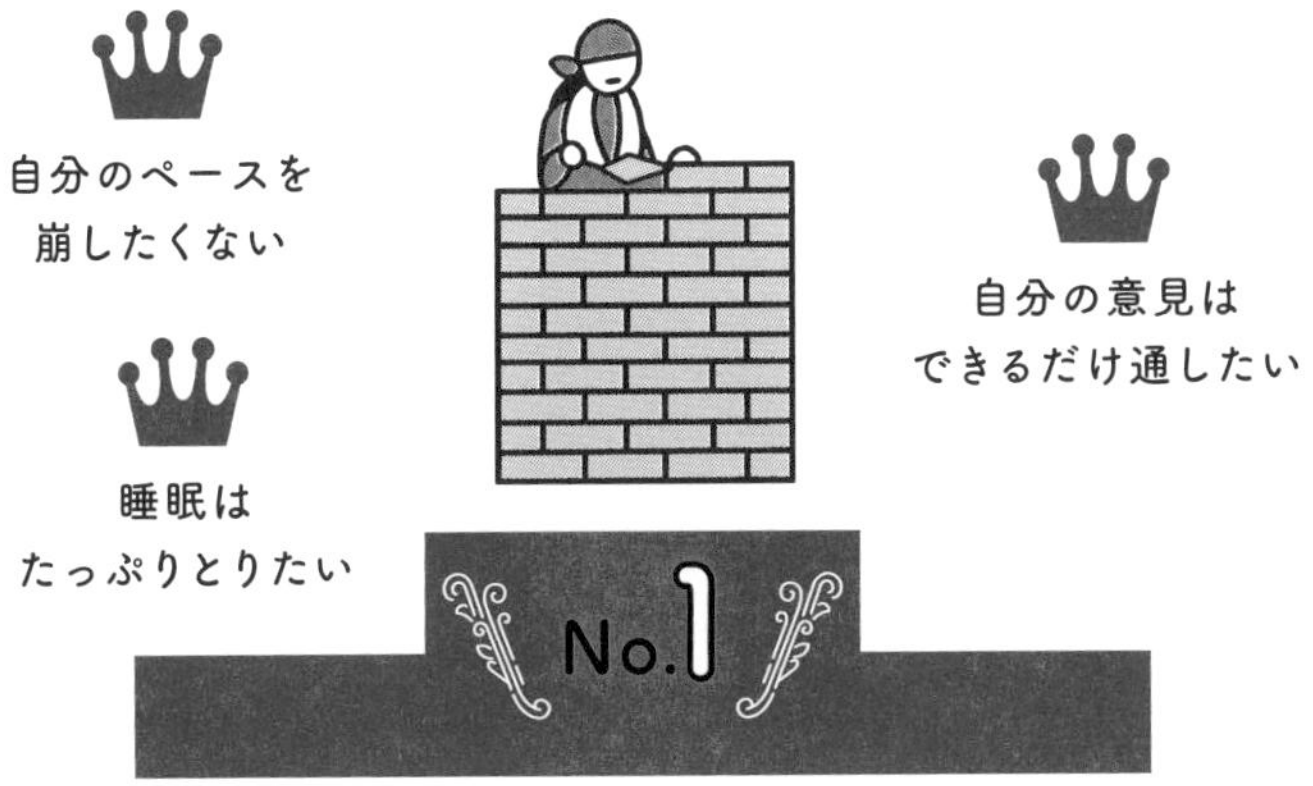
自分のペースを崩したくない
自分の意見はできるだけ通したい
睡眠はたっぷりとりたい
No.1

てあげたいと、行動に移すような献身性もありません。

［他人への興味］

相手の学歴や社会的地位などにも興味がなく、どのような様子でいるのか、今どんな感情を抱いているかなど、相手の内面的なことにも関心がありません。

さらに自分の言動が相手をイライラさせていても、それに気づくこともありません。

それなのに、相手のミスや落ち度に対しては容赦ない面があり、遅刻などもってのほかです。「いい加減にしろよっ」と怒鳴ってしまうこともあります。

［恋愛］

恋愛に対しては消極的。とくに女性は奥手です。結婚よりも仕事を重視する傾向にあるため、恋愛の優先度は低めです。

恋愛をするときも、愛よりもお金のほうが大事との思いが強いため、仕事を優先して恋愛がダメになりがちです。そのため、恋愛経験が豊富というわけではなく、恋愛満足度は、不満はないものの高いわけでもありません。

また、このタイプの女性はお金にシビアで、割り勘での会計は1円単位で細かい金額まで計算したい派が多いようです。

異性の好みは、男女ともに身長が低めの相手を好み、男性に限っていえば面食いです。

告白する勇気がないため、なかなか現実世界で恋愛をすることが難しく、二次元アイドルと疑似恋愛をしている人も多いです。

職人系

こだわりタイプと他のタイプとの相関図

のほほん舵取りタイプ
受け止めてくれる
アクティブリーダータイプ
話を聞いてくれるメンター的存在
パワフルタイプ
ぐいぐいこられるから苦手
ロジカルエリートタイプ
課題に対してアプローチの仕方が違うから戸惑う
ストイックインドアタイプ
こだわりがあるところが好感度大
突拍子もない行動をするところがイヤ
アイデアマンタイプ
こだわりが合えばいい。リスペクトできる
こだわりタイプ
波風立てないから好き
ノリのよさが鼻につく
ムードメーカータイプ
コツコツバランスタイプ

豪快系

パワフルタイプ

31の型でこのタイプに入るのは

・逆N型II
・逆N型III

明朗快活で楽しいことに積極的。要領がよくて何でもこなせてしまう

05

ディグラム木原のデータ分析

一番強い突破力を持っていて最強！でも周りの人間をもう少し大事にして

このタイプの特徴

長所

- 何事もパワフルに実行できる
- 課題を最短で解決する
- 説得が得意

短所

- 意見の相違があると攻撃的
- 自己中心的
- 喧嘩っ早い

基本的な性格

自分が興味を持てば、何でもチャレンジ

［人生への満足度］

このタイプは、自分の人生に大満足！　とくに女性のほうが満足度が高いようです。

今までの人生を振り返っても、いろいろな困難や苦労があったはずなのですが、そのマイナスの部分は、「どうでもいい」と思える人です。「そういえば、あんなことがあったよね……」で済ませられるのです。

そして、今後のこと、自分の将来について希望を持って生きられるタイプです。

それは、自分に何か夢があるとか、目標を持っているというより、「これまでも何とかなったのだから、これからも絶対、何とかなるに違いない」という、根拠のない自信があるから。

また、このように人生満足度が高い理由には、人と自分を比べたりしないことも関係しています。他人と比較するのではなく、常に自分自身が人生の中心なのです。

さらに、嫌なことがあっても周囲の人に弱音を吐いたりしない心の強さを持ち合わせています。

〔気質〕

一言でいえば「明るく朗らかな人」です。周囲の人に気を配るムードメーカーというよりも、パッと電気をつけたような明るさがあります。

しかし、一方で厳格なところもあります。たとえば、小学校の校門に立って、「おはよう」と元気に大声で児童に声かけをしている校長先生をイメージしてもらうといいかもしれません。

細かいことは気にせず、豪快で大胆。必要以上に自分を大きく見せて威張ったりするようなことはありません。

また、このタイプは、一人でいたとしても「寂しい」と思うことがありません。

〔行動〕

全体的な性格としては繊細というより大胆な人ですが、行動するときは、実はしっかり計画を練るタイプです。

成功した場合、失敗した場合、予想以上に時間がかかった場合、〇〇が××に変更になった場合など、あらゆるパターンを想定しています。この傾向はとくに男性に強く見られるようです。

また、基本的には器用なので、そういった計画に何時間もかけるようなことはなく、電子計算機のように、頭の中でパッパッパッと考えられる処理能力があります。

仕事でもプライベートでも、あまりやりたくないことは、とっとと先に済ませたいタイプ。家事なども先に終わらせてから、ゆっくりしたいという傾向があります。

このタイプは、好奇心が旺盛で、新しいことに対しても意欲的です。とはいえ、「世間で流行っているから」といった視点ではなく、自分の興味があるものにのみ、行動を起こすタイプのフットワークの軽さがあります。

［勉強や仕事］

仕事に対する満足度はとても高いです。いつも前向きで、自分自身でも「働き者だ」と自覚しているのではないでしょうか。

性格が大胆なので、仕事も一見したところ大雑把なように見えますが、ケアレスミスはあまりありません。

仕事に関しては、プロセスがどうあれ、結果が大事と考えています。とにかく結果を出しさえすれば、やり方は何でもいいし、途中でトラブルがあっても気にしません。

交渉力やプレゼン能力にも優れていて、営業職向きです。また、自分の考えやアイデアを積極的に提案するので、企画職にも向いています。

職場の人間関係も良好で、満足度は高いほうで

いるだけで周囲をパッと明るくする
パワフルタイプ

す。また、仕事熱心ではありますが、家庭や趣味も大切にするタイプで、ワークライフバランスに関する満足度は高いです。

人間関係

表裏がなく、人から好かれやすい

［基本的なスタンス］

人間関係に対する不満はなく、むしろ満足度は高いほうです。とくに女性の場合は満足している割合が多くなります。

プライドは高くありませんが、勝負事や競争に熱くなりやすい傾向にあります。たとえば運動会での徒競走でも一番にならないと気が済まないタイプです。

また、周りから注目されたいという思いは強いようで、SNSなどに積極的に投稿し、「いいね」の数が多いと嬉しくなるのもこのタイプの特徴のひとつです。

人から期待されると素直に喜びますが、「自分の意見は通さないと気が済まない」という部分もあります。

自己主張が非常に強くて、いわゆる「我が強い人」です。

［人への共感性］

このタイプは、自分を中心に考えるため、他人に対する優しさや共感性、献身性に欠ける面があります。ただ、冷たい人だということではなく、単に気が回らないだけというか、そもそもそういう発想がないのです。

そのため周囲が指摘し、説明をすれば素直に納得します。

明るくてノリがよく、人見知りをしません。人間関係も広く浅くが基本で、異業種交流会のようなところにも積極的に顔を出します。名刺も1年に何百枚も刷って使い切ります。

表裏がなく、人から好かれるほうなので、1回会って少し会話をした程度の人でも、何かあれば「あのときの○○です」と、気軽にコンタクトをとることができます。

さらに、このタイプの女性は、自分よりも優れている人との交流を好み、男性は年下の人や目下の人との交流を好みます。

友人や知人、家族などの突然の誘いに応じるフットワークの軽さがありますが、頼みごとなどは、自分にメリットを感じなければキッパリ断る意思の強さもあります。

基本的におしゃべりで、いわゆる「口から先に生まれた」タイプ。自己主張も強めですが、会話のキャッチボールはうまくこなすことができます。

9タイプ中

パワフルタイプが "ナンバーワン!"の性格要素

気が向かない飲み会はきっぱり断る
自分の言いたいことは真っ先に伝えたい
勉強や仕事は短時間で効率的に行う
No.1

〔他人への興味〕

相手の学歴や社会的地位などにはあまり興味がありません。また、自分が相手にどう思われているかを気にしません。大切なのは、自分が相手をどう思うかだけ。

また、とくに女性は相手のミスに手厳しい人が多いといえます。自分はいつも遅刻ギリギリに到着するのに、相手が遅刻をすると、自分のことは棚に上げて「いい加減にしてよっ」などとキレてしまうような一面があります。

〔恋愛〕

日常生活ではノリがよく、楽しいことが大好きな性格で、異性ともすぐに仲良くなれます。

それがアダとなり、恋愛には意外と消極的。なかなか友人関係から脱却することができず、恋愛に発展しません。

とはいえ、長い友人期間を経て恋人同士になるというような恋愛スタイルにある種の憧れがあります。とくに女性の場合、一目惚《ぼ》れなどより友人関係が長かった人のほうが、よい関係を築けると思っています。

また、このタイプの女性は、面食いの人が多めです。顔がいいから付き合うということはありませんが、結果的に付き合う人はイケメンが多い傾向にあります。

さらに、このタイプの女性は、結婚より仕事を重視しがちで、愛よりもお金が大事だと考えています。

男性は、「恋人とは一緒に暮らして同じベッドで眠りたい」と考えるのに対し、女性は「一緒に暮らしたとしても寝室は別に持ちたい」と考える傾向があります。

豪快系

パワフルタイプと他のタイプとの相関図

のほほん舵取りタイプ
話を聞いてくれる。優柔不断なところはイマイチ
△
パワフルタイプ
お互い譲らないと喧嘩に
△
ロジカルエリートタイプ
合理的でサバサバしたところが合う
○
アイデアマンタイプ
盛り上がるといいけれど、ぶつかると大喧嘩
△
コツコツバランスタイプ
巻き込みやすい
△
ムードメーカータイプ
ノリだけなところがイマイチ
△
こだわりタイプ
専門性があるところは尊敬できる
△
ストイックインドアタイプ
水と油のように合わないところが
△
アクティブリーダータイプ
やりたいことを実現してくれる
○

06

献身系

のほほん
舵取りタイプ

31の型でこのタイプに入るのは

・U型III
・N型I
・N型II
・NPトップ型
・FCボトム型

空気を読むのがうまく、争いごとは嫌い。いつでも平和に暮らしたい

ディグラム木原のデータ分析

とにかく献身的！
愛され度も一番！
相手のペースにのまれすぎに注意！

このタイプの特徴

長所
- 縁の下の力持ち
- 献身的
- チームプレーが得意

短所
- 周囲に流される
- 優柔不断
- 保守的

基本的な性格

自分に自信がなく、積極的になれない

【人生への満足度】

このタイプは、人生に対する満足度は低めです。周囲からは、幸せな人生を送っているように見えますが、自己肯定感が低いために、人生の幸福度が低めなのです。

これまでの人生を振り返っても、悪いことばかり思い出してしまいます。そして、その「悪いこと」は自分がいけなかったからだと、自分を責めてしまいがち。

また、将来のことや未来に関しても、どちらかというと不安に思っています。

とにかく自分に自信がなく、「でも」「どうせ」「だって」「けど」が口グセ。いつも人と比べてしまい、自分のことを下に見ています。

積極的に行動することができずに、何事に対しても遠慮がち。いつも自分は余りものばかりで「損をしている」との思いが強いようです。

【気質】

基本的に温厚です。おっとりしていて、パーティーなどでも、積極的にみんなの会話の中に入っていくことはありません。しかし、おしゃべりな人の話を「そうそう」と相槌《あいづち》を打ちながら聞いたり、話したそうにしている人に話題を振ったりするなどの気配りは上手です。

本人は、「本当は自分も、他の人のように自分からおしゃべりをしたいのに」と思っているのですが、なかなか人の話を中断して話を切り出すことができません。

そのため、人との交流はいつも消化不良な感じで終わってしまいます。

実は見栄っ張りなところがあり、自分からは何も言いませんが、ブランドのロゴが目立つバッグを持っていたり、誰でもわかるような有名ブランドの時計をしていたりします。

精神年齢がやや低めなところがあり、その点は本人も自覚していることでしょう。

［行動］

一人であれこれと考えることは好きなのですが、計画性にはやや欠けるようです。

基本的に腰が重く、フットワークにも乏しいタイプですが、興味のあることについては、一人でじっくり考えるのが好きです。

たとえば旅行のプランなども、「北海道に行って流氷を見たいなあ」とか、「沖縄の海で珊瑚礁《さんごしょう》を見たら、どんなにきれいなんだろう」と、想像をふくらませるのが好きです。

しかし、なかなか実際に予約をするなどといった行動には移せません。

注意力も散漫で、やりたくないことは後回しにするなど、現実逃避をする傾向があります。

たとえば、部屋の掃除をするはずが、結局、映画や動画を観たり、本を読んだりして1日が終わってしまう……といったことになりがち。

物事に対する好奇心も薄く、世間の流行やトレンドは、とりあえず押さえておこうとすることもなく、自分が興味を持ったもの、よいと思ったものだけに触れる傾向があります。

しかし、チャレンジ精神は旺盛で、自分自身で「やりたい！」と思い立ったら、すぐに行動に移すくらいの行動力は持ち合わせています。

〔勉強や仕事〕

勉強や仕事に対する満足度は低いほうです。ただし、このタイプの人は、人生そのものに対してのんびり構えているので、プライベートが充足しているわけでなくともガツガツしません。

職場の人間関係やワークライフバランスに関しても満足はしていません。だからといって、転職をしたり資格を取ったりするなど、今いる環境を変えようとする気持ちも薄いです。

自分も会話に入りたい……でもひたすら相槌を打つ
のほほん舵取りタイプ

仕事でも、企画を考えたり、何かを提案したりすることはないので、会議や打ち合わせでは議事録係に回ることが多いでしょう。

しかし、仕事の能力が低いわけではないので、ルーティンワークには力を発揮します。

人間関係

人見知りだが共感性は高い

［基本的なスタンス］

このタイプは、基本的に人見知りです。人間関係を無理に広げようとはせず、誰とでも仲良くなるわけではありません。

また、明るさやノリのよさにも欠け、飲み会や旅行など、突然の誘いに応じるフットワークの軽さもないようです。

とはいえ、頼まれごとは基本的に断れない性分で、気が乗らない会合でも、顔を出すような一面があります。

コミュニケーションは自分からガンガン行くほうではなく、一緒に話していても、思っていることをうまく口に出せない場面が多いのではないでしょうか。そして、いつも聞き役に回ってしまいがち。

そのため、人間関係に対して満足しているわけでもなく、かといって不満があるというわけでもありません。

周囲から注目されることは苦手で、どちらかというと群衆の中に紛《まぎ》れていたいタイプです。いろいろと期待をされると嬉しい半面、不安になることのほうが多く、プレッシャーに弱いタイプともいえます。

自己主張も弱く、集団の中で自分の意見が通らなくてもあまり気にすることはありません。

しかし、「本当の自分はこうじゃないのに……」との思いは強く、人前で「自分らしさ」をなかなか発揮できないと悩むこともあるはずです。

また、このタイプは、約束やルールを遵守する傾向にあり、とくに男性の場合は、倫理観や社会常識に欠けている人を嫌います。

【人への共感性】

他人に対してとても優しい人が多く、共感力も非常に高いようです。

たとえば、テレビのドキュメンタリー番組、映画やドラマを観ていると、主人公や登場人物の一人にすっかり肩入れしてしまいます。とはいえ、映画やドラマを観て号泣するなど、喜怒哀楽の感情を外に出すようなことはせず、静かに心の中に秘めるのがこのタイプです。

また、とても世話好きで、困っている人がいる

9タイプ中

のほほん舵取りタイプが“ナンバーワン！”の性格要素

「自分は繊細」と自覚している
勉強や仕事にコツコツ取り組むことができる
聞き上手
No.1

と見過ごすことができません。ペットを飼うにしても保護犬や保護猫を選ぶタイプ。

その一方で、人の期待に応えるために、無理をしてしまうこともあるようです。

〔他人への興味〕

このタイプは、相手が今、どんな心理状態にあるのか、また、自分が相手にどう思われているかを非常に気にします。

相手の一挙手一投足を注視し、ふと視線を逸《そ》らされただけでも、「もしかして、私の言ったことが気に障《さわ》ったのかも?」と心配してしまいます。

また、相手がミスをしたとしても許せるタイプですが、これは「優しい」というより、「ミスを指摘して相手が逆ギレしたらどうしよう?」と思ってしまって許す、という面が大きいようです。

無駄な衝突やもめごとが嫌いで、たとえば飲食店などで並んでいる行列に割り込みをされたとしても、文句を言えずに黙ってしまいます。

〔恋愛〕

恋愛満足度は低く、とくに男性は、そんな自分に不満を抱いているようです。

男女とも「自分は恋愛運がない」と思っている人が多いのは、これまでパートナーに痛い目に遭《あ》わされたことが多いからではないでしょうか。しかし、結婚願望は強く、早く理想の相手に巡り合いたいと考えています。

一方で、自分の好みの人でない限り、積極的にアプローチをすることができません。好きな人が友人と被ると、引き下がってしまうところもあります。

恋愛相手は見た目よりも性格重視で選び、お金と愛を天秤《てんびん》にかけた場合は愛を重視します。

献身系

のほほん舵取りタイプと他のタイプとの相関図

のほほん舵取りタイプ
一緒にいて
ノリが合う
アクティブリーダータイプ
尊敬のまなざし。
憧れ
パワフルタイプ
怖い。圧を感じる
ロジカルエリートタイプ
理詰めでこら
れるから怖い
ストイックインドアタイプ
つかみどころがない
アイデアマンタイプ
つかみどころが
ない。ぐいぐい
こられると怖い
こだわりタイプ
ちょっと怖い
ムードメーカータイプ
振り回される
からあまり好
きじゃない…
コツコツバランスタイプ
居心地はい
いけれど物
足りなさも

謙虚系

ストイックインドアタイプ

31の型でこのタイプに入るのは

- W型
- U型Ⅰ
- N型Ⅲ
- ACトップ型
- 逆Z型Ⅱ

真面目で無口。一見おとなしく見えても中身は芯が通っている！

07

ディグラム木原のデータ分析

ストイックな研究者タイプ。時には大胆な行動に出てみては？

このタイプの特徴

長所

- ルールを遵守する
- しっかりしている
- 安定感がある

短所

- 考えすぎて行動できない
- 人の目が気になって判断が遅くなる

基本的な性格

温厚で繊細なハートの持ち主

［人生への満足度］

このタイプは、人生への満足度は低いようです。なぜなら自己肯定感が低いからです。

周囲からは真面目で堅実な人生を歩んでいるように見えますが、当の本人は自分にまったく自信が持てません。

これまでの人生を振り返っても、「あまり幸せではなかったなあ」と否定的です。将来に関しても、とくに希望や野望を持っているわけではありません。

成功者や人生が充実している人の表面的な部分と自分のそれとを比べて、「自分はなんてダメなんだろう」と自分を否定的に見てしまうこともよくあります。

また、自己主張が強いわけではなく、いつも遠慮しがちで、「人生でいろいろ損をしている」とも感じています。

この傾向はとくに男性に強いようで、「なんで、オレばっかり貧乏くじを引くんだろう」と、何かにつけて愚痴をこぼします。

〔気質〕

基本的にとても温厚な性格です。

気性は激しくなく、いつも一定の心の温度で暮らしています。怒鳴ったりイライラしたりすることは少なく、周りからは「落ち着いているね」と言われることも多いでしょう。

ただし、悪くいうと明るさに欠けるところがあります。ナイーブで、ちょっとしたことにも落ち込んでしまう、実は繊細な心の持ち主です。

〔行動〕

このタイプは、考えることは好きですが、実行に移すまでに時間がかかります。

しかも、思慮深かったり、計画性に優れているわけではないので、ありきたりの計画しか出てきません。

仕事でも家事でも、やりたくないことは後回しにするなど、現実逃避をする傾向があります。

考え方もとても保守的で、世の中の流行やトレンド、新しいものへの好奇心は薄いほうです。誰かに誘われたとしても、腰が重く、なかなか「やってみよう」と思うことがありません。

「周りがやっているから」と、何かに飛びつくことはなく、本当に自分が「いい」と思うものしか取り入れようとしません。

せっかく実際に行動に移したり、新しいものを取り入れたりしてみても、「自分には向いていない」と、あきらめが早いのも特徴です。

〔勉強や仕事〕

勉強や仕事に対する満足度は、あまり高くはないようです。

とはいえ、勉強や仕事ができないというわけではなく、学校や会社の規律を守り、勉強も仕事もしっかりこなそうとしています。

このタイプは、交渉力やプレゼン能力に乏しいので、ガンガン営業に行くタイプではありません。会社の会議や打ち合わせなどでも、議事録係に回ることが多いでしょう。

ただし、ルーティンワークにおいて力を発揮し、同じ営業の仕事でも、得意先が固定され、代々担当者が引き継いできたような仕事は、うまくこなすことができます。

さらに、周りの人の目や進捗《しんちょく》が気になってしまうのもこのタイプの特徴です。

とくに勉強などは、休み時間などに「試験勉強がしたい」と考えていても、周りから「ガリ勉」と思われるのが嫌で、遊びたくもないのに遊んでしまいます。

一方で、気分が乗らなくて勉強をしたくないときは、なんだかんだと後回しにしがち。

・・・
自分の噂話を耳にしてひっそり傷つく
ストイックインドアタイプ

周囲の人の目に左右されることが多く、学校のクラスや職場の人間関係、学業や仕事との両立に対する満足度も低めです。

人間関係

引っ込み思案で付き合いは狭め

［基本的なスタンス］

このタイプは、基本的に人見知りです。また、本人も新しい友達を作りたいという積極的な気持ちはありません。

人間関係は、少数の気を許せる人と深く付き合いたいというスタンス。

また、このタイプは明るさやノリのよさにも欠けるので、「仕事が早く終わりそうだから、〇〇へ行こう」などと、突然の誘いがあると断ってしまうところがあります。

おそらく飲み会などでも、予定していない2次会や3次会は、断って早く帰りたいはずです。

とはいえ、引っ込み思案で、思ったことを口にできないところがあるので、強引に「行こうよ」と誘われると、断ることができません。

友人や知人と会話をしていても、予想もしていなかった質問がきたり、まったく知らない話題が出ると、うろたえて言葉に詰まることが多く、結果的に聞き手に回ることが多いようです。

さらに、人と会話をするときは何かと言葉の裏を探ってしまい、「相手は、本当はどう思っているのだろう?」と気にしがち。とはいえ、実際にどう思っているのか、その真意を確かめる発言はしません。

そのため、あれこれ考えすぎて、自分は人に嫌われるほうだと思い込むところがあるようです。

プライドはあまり高くないため、勝負事や人との優劣も気にしません。しかし、社会常識に欠けている人を嫌い、とくに男性の場合にその傾向が強いといえます。

おとなしくて注目を浴びるのは苦手。他人からの期待に対しても嬉しい気持ちがある半面、プレッシャーになってしまうところがあります。

［人への共感性］

このタイプは、他人への優しさ、共感性、献身性に欠けています。

とくに男性の場合、相手の期待に応えようとして、ついついガマンや無理をしてしまう頑張り屋な一面があります。

自己主張は弱く、自分の意見が通らなくても気にすることはありません。そのときは、「まあ、しょうがない」と思っていますが、実は「本当の自分はこうじゃないのに……」との思いが強く、

9タイプ中

ストイックインドアタイプが “ナンバーワン！” の性格要素

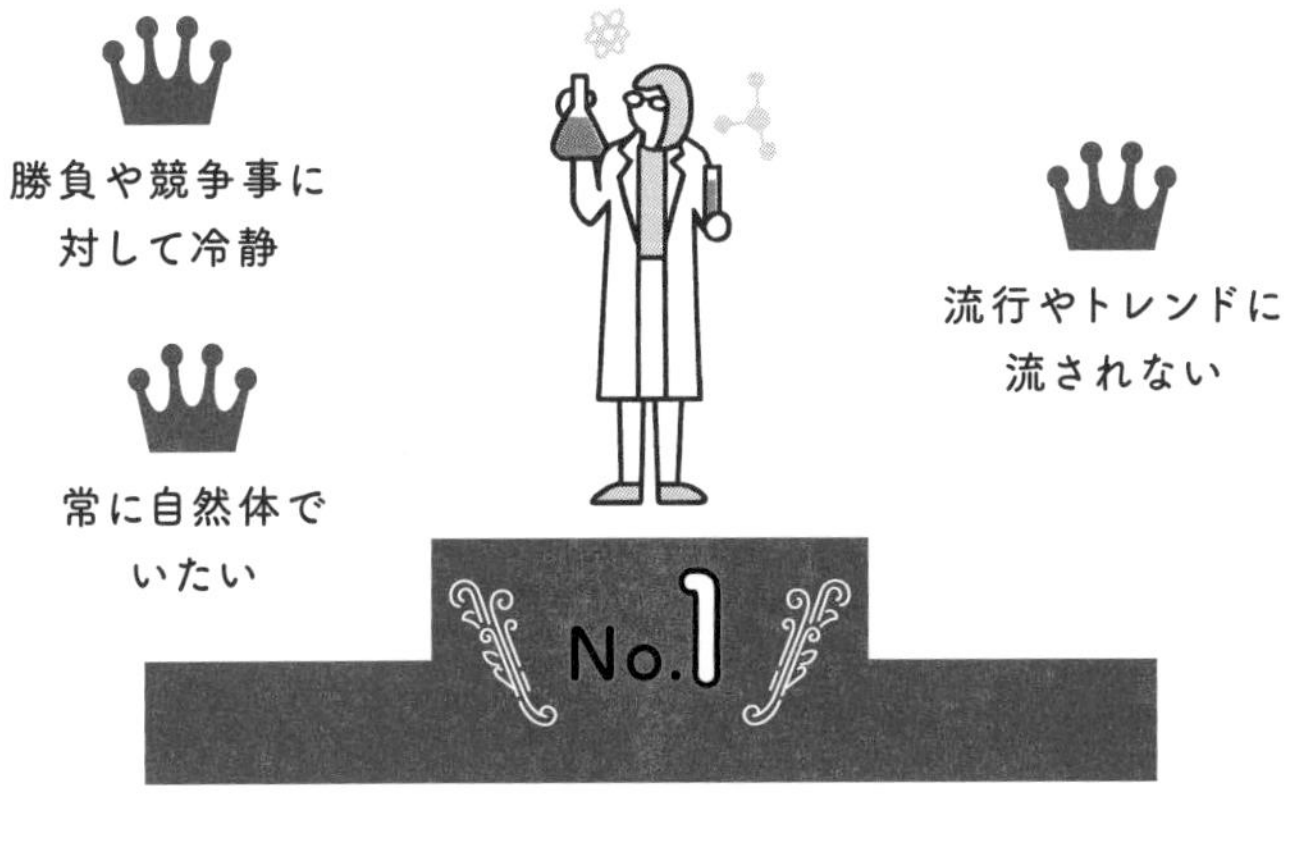
勝負や競争事に対して冷静
常に自然体でいたい
流行やトレンドに流されない
No.1

人前で「自分らしいふるまい」ができないと、悩むことも多いようです。

［他人への興味］

基本的に、他人に対する興味が薄いのですが、逆に、自分が相手にどう思われているかを非常に気にします。

仕事でもプライベートでも、相手のミスに対しては寛容ですが、それは相手を思いやる気持ちというより、「ミスを指摘して、相手が逆ギレしたらどうしよう」「もめごとになったら嫌だな」という、どちらかというとマイナスの発想からくるようです。

そのため、「本当は、きちんと注意をしたかったのに……」と、あとになって悩んだりするのもこのタイプの特徴です。

一方で、逆に人から何かを指摘されたり、注意を受けたりすると腹を立てたり、根に持つ一面もあります。

［恋愛］

このタイプは、恋愛満足度がかなり低め。自分に自信がないために恋愛にも積極的になることができません。

おそらく、「どうせ自分のことを好きになってくれる人なんかいないだろう……」と、あきらめの境地にいるのでしょう。

「自分は恋愛運がない」との思いも強いようです。その一因は、「誰かと一緒にいるより、一人でいるほうが気がラク」と感じる性格にもあるかもしれません。

おしゃれにもあまり興味がなく、そもそも見た目を整えて異性にモテたいという気持ちが薄いようです。

謙虚系

ストイックインドアタイプと他のタイプとの相関図

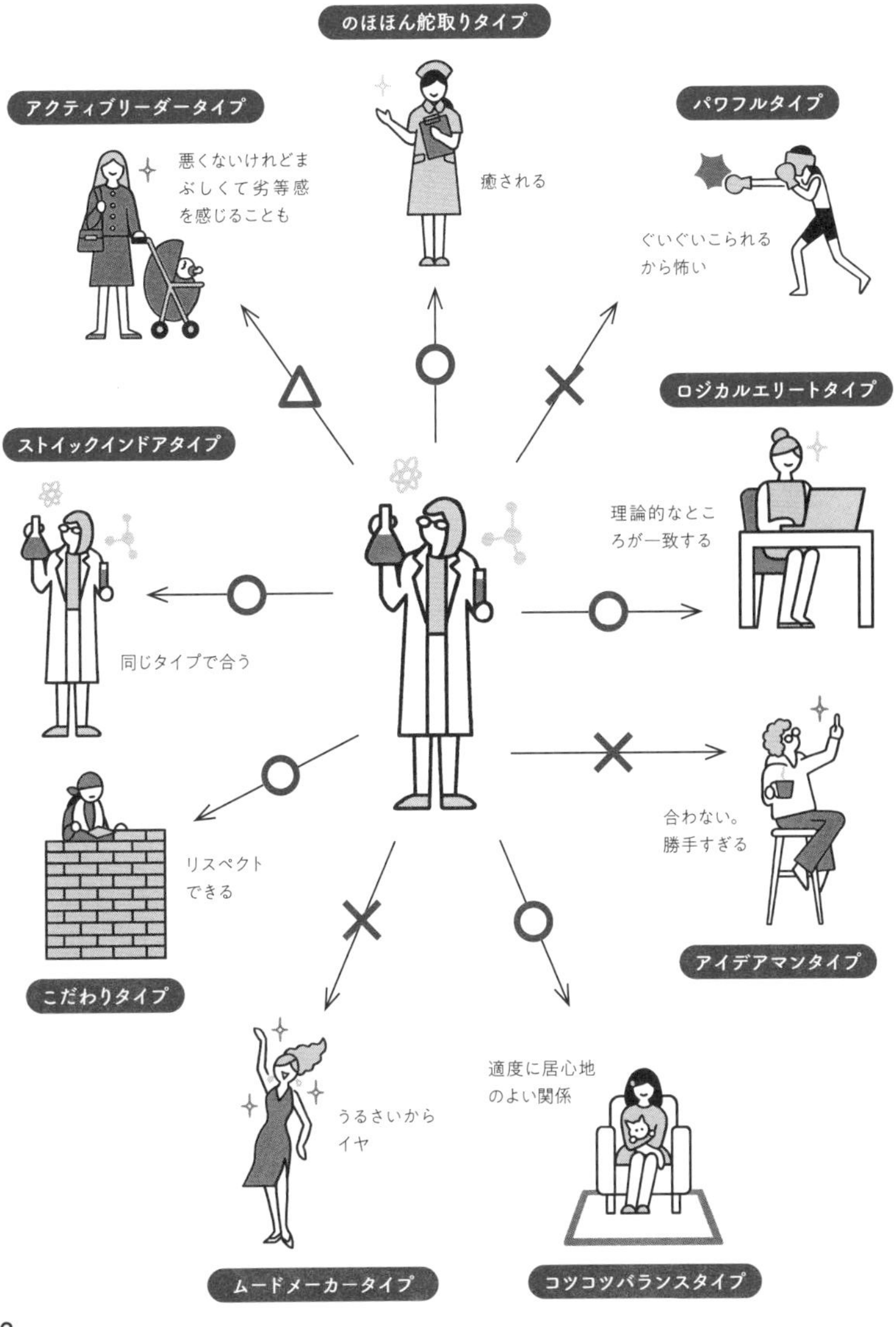

のほほん舵取りタイプ
癒される
○
アクティブリーダータイプ
悪くないけれどまぶしくて劣等感を感じることも
△
パワフルタイプ
ぐいぐいこられるから怖い
×
ロジカルエリートタイプ
理論的なところが一致する
○
ストイックインドアタイプ
同じタイプで合う
○
アイデアマンタイプ
合わない。勝手すぎる
×
こだわりタイプ
リスペクトできる
○
ムードメーカータイプ
うるさいからイヤ
×
コツコツバランスタイプ
適度に居心地のよい関係
○

08

ディグラム木原の
データ分析

冷静系

ロジカル
エリートタイプ

31の型で
このタイプに
入るのは

・逆N型Ⅰ
・Aトップ型

クールで冷静沈着。
〝できる人〟のオーラを
いつでも放っている

ロジカル度ナンバー1で
正しい選択ができる人。
困っている人がいたら
率先して助けて！

このタイプの特徴

長所
・合理的判断が得意
・数字に強い
・トラブルが起きても冷静に判断
・情に流されない

短所
・ドライで冷徹な判断をする
・情緒的な判断はあまりしない

基本的な性格

温厚で冷静、無謀なことはしない

〔人生への満足度〕

このタイプは、人生に対する満足度がかなり高く、とくに女性の場合は不満が1つもありません。

これまでの人生を振り返っても、自分の判断や進路などに肯定的で、ベストな道を歩んできたと思っているようです。

また、自分の未来に対しても希望を抱いています。しかし、それは情熱からくるというより、過去や未来を否定するのは自分自身の判断（いわゆる頭脳）を否定することにつながってしまう、という理由からのようです。

人生において、何がなくとも大切なのは「過去の自分と比べること」というのがこのタイプの考え方。人と比べてどうこうではなく、昨日の自分に比べて、今日の自分がどれくらい進歩しているかで良し悪しを判断する面があります。

また、何か嫌なことがあっても、弱音を漏らしたりしない芯の強さがあります。

〔気質〕

基本的に温厚というか冷静で、いつでも落ち着いています。

たとえば友人との待ち合わせ時間の10分前に起床したとしても、慌《あわ》てることなく、すぐに友人に連絡を入れることができたり、人身事故などで電車が止まっても、すぐに迂回《うかい》ルートを調べて目的地にたどり着くことができます。

渋滞に巻き込まれたとしても、「いくら自分が慌てても、渋滞が解消されるわけではない」と、肝《きも》が据《す》わっています。

精神年齢も高く、必要以上に自分を大きく見せたりするようなことはありません。

［行動］

計画を立てるのが得意で、しかもすぐに実行に移すことができます。その計画は無鉄砲なものではなく、きちんと熟考されています。

また、このタイプの行動の基準となるのは「数字」や「ファクト」です。根拠のないことは信じず、取り合いません。

問題が生じたときも先送りすることはせず、すぐさま処理することを心がけています。

一方で、世間の流行やトレンドに対しては関心が薄めで、流行っているからとりあえず乗ってみる、というようなことはしません。

さらに、どんなに周りから「いい」とすすめられたとしても、自分がよいと思ったものしか取り入れません。

しかし、チャレンジ精神は旺盛で、自分が「これをやってみたい」「これを食べたい」「ここに行きたい」と思い立てば、すぐに行動に移すフットワークの軽さがあります。

［勉強や仕事］

このタイプは、計画性に優れ、数字を扱う緻密な作業もミスなくこなすことができます。

しかし、ルーティンワークはあまり好きではなく、どちらかというと外にどんどん飛び出していきたいタイプです。

さらに自分の考えやアイデアを積極的に提案するなど、仕事に対して前向きです。交渉力やプレゼン能力にも優れていて、営業や企画などにも向いているでしょう。

勉強や仕事に熱心で、実際、かなりのレベルでこなすことができるので、満足度はとても高いはず。また、職場の人間関係やワークライフバランスに対する満足度も高く、とくに女性のほうが現状に満足しているようです。

人間関係

ハイレベルの交流を求める

交通事故を目の当たりにしても
冷静沈着に対応！
ロジカルエリートタイプ

〔基本的なスタンス〕

このタイプは、人見知りをせず、初めて会った人ともうまくコミュニケーションをとることができます。人懐《ひとなつ》っこいというよりも、常識人なので、あたりさわりのない会話で大人の関係を築くことができるからです。

とくに女性の場合、表裏がなく、陰口を言ったりすることもないため、誰からも好印象を持たれます。しかし、実際の人間関係は「必要な人と深く」を基本としており、誰とでも仲良くなるというわけではありません。

どちらかというと、年上の人や自分よりも優れている人と交流することを好みます。

一方、男性の場合は、女性と比べて閉鎖的な面が強いようです。「頼れるのは自分だけ」と思っているので、何かをしたりするときに、誰かに協力してもらったりせず、一人ですべてやってしまおうとする傾向があります。

友人や知人、恋人からの突然の誘いに気軽に応じるフットワークの軽さがありますが、それは自分が興味を持ったことのみ。頼みごとなどの場合は、自分がメリットを感じなければあっさり断ってしまうこともあります。

このタイプは、自己主張が強く、友人や知人と話すときも、しっかりと本心や本音を伝えます。本当は違うことを思っているのに、なかなか口に出せないということがなく、人間関係で無理をすることもないので、ストレスはたまりにくいでしょう。

とはいえ、おしゃべりというわけではなく、どちらかというと聞き手に回ることが多いかもしれません。

このタイプの男性は「自分の意見は通さないと気が済まない」との思いが強いようです。人と話していても、せっかちで結論を急ぐ傾向にあります。

［人への共感性］

自分がどう思うかを一番大事にしています。そのため他人に対する興味が薄く、優しさ、共感性、献身性にはやや欠けます。

とくに嫌いなのは、ルールを守れない人です。自分が約束やルールを遵守し、責任感が強いために、そうでない人を許せないのです。

自分に厳しい一面がありますが、プライドが高いわけではなく、人との優劣はあまり気にしません。他人との勝負事や競争には熱くならないというか、関わらないタイプ。相手に嫌なことをされても根に持ちません。

自分は他人に興味がないものの、周囲から期待されることは嬉しいようです。ただし注目される

9タイプ中
ロジカルエリートタイプが“ナンバーワン！”の性格要素

集中力や
注意力がある
整理整頓が得意
自分の価値は
自分で決めたい
No.1

ようなことは苦手です。

［他人への興味］

相手の学歴や社会的地位などには、あまり興味がありません。一緒に話したり行動したりしても、相手の様子や、相手が自分のことをどう思っているかといったことは気にしません。

自分に厳しく、相手にも厳しいので、相手のミスに対しては厳格。とくに遅刻をする人が大嫌いで、本人も時間厳守を徹底しています。

しかし、同じミスであっても、たとえばレストランで店員にオーダーを間違えられたりするようなことに関しては気にしません。

また他人とシェアをする感覚が強く、飲み会などの支払いも、細かく割り勘をするのではなく、多く払える人が払えばいい、という考えです。

自分が最年長、あるいは年収が一番高いと思われるような社内の飲み会や、後輩たちと飲みに行ったときは、1万円札をポンと出し、「足りない分は、みんなで出しておいて」と言ったり、一人1000円ずつ回収して残りを全額支払う、といったスタンス。

［恋愛］

恋愛に対する満足度は、不満でも満足でもなく、といったところ。どちらかというと恋愛には消極的ですが、男性に関していえば、「自分は恋愛運がある」と思っているようです。

また、このタイプの女性は、お金と愛ならば、お金を重要視します。そのため、結婚よりも仕事を優先する傾向があるようです。

結婚は、いい人がいればしてもよい、というくらいのスタンスで、あまり焦ってはいません。

冷静系

ロジカルエリートタイプと他のタイプとの相関図

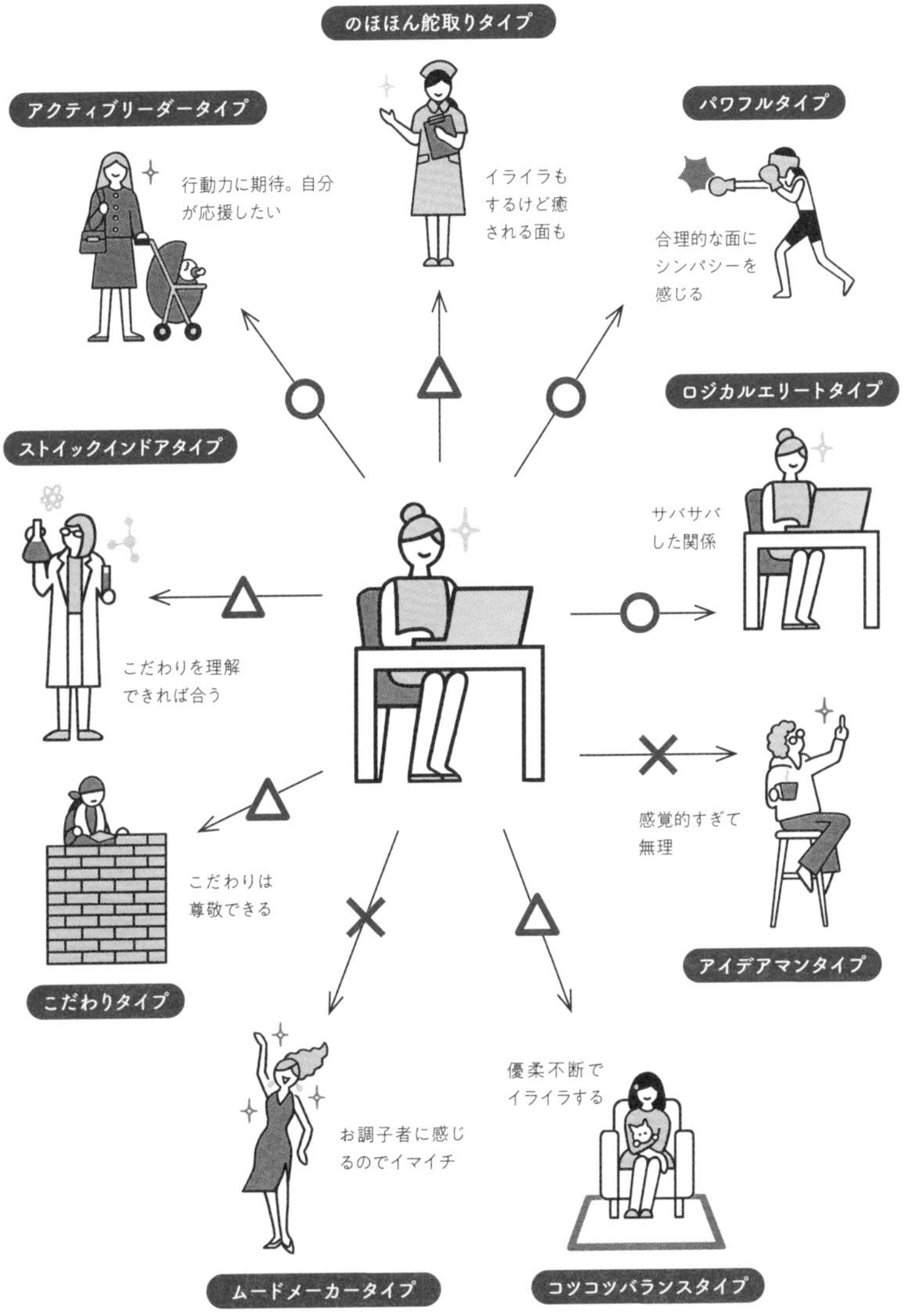

のほほん舵取りタイプ
△
イライラもするけど癒される面も
アクティブリーダータイプ
○
行動力に期待。自分が応援したい
パワフルタイプ
○
合理的な面にシンパシーを感じる
ロジカルエリートタイプ
○
サバサバした関係
ストイックインドアタイプ
△
こだわりを理解できれば合う
アイデアマンタイプ
×
感覚的すぎて無理
こだわりタイプ
△
こだわりは尊敬できる
ムードメーカータイプ
×
お調子者に感じるのでイマイチ
コツコツバランスタイプ
△
優柔不断でイライラする

直感系

アイデアマンタイプ

31の型でこのタイプに入るのは

・U型II
・Aボトム型

感性豊かで直感で動くタイプ。思い立ったら即行動！

09

ディグラム木原のデータ分析

感受性や美的センスはピカイチ！行動する前に6秒間、考えてみて

このタイプの特徴

長所

・行動が早い
・判断が早い
・環境に順応するのが早い

短所

・考えるのをあきらめて直感で動く
・怒りっぽい

基本的な性格

感情の浮き沈みが激しい

［人生への満足度］

人生に対しては、とても満足しているというわけではありませんが、かといって不満に思っているわけでもありません。

自己肯定感は低く、これまでの人生を振り返っても、たとえば、「あの高校に行かなければよかった」とか、「あそこで友達の言う通り、恋人と別れておけばよかった」などと、「本当はこの道を選択しなければよかった」と、マイナス面ばかり思い浮かべてしまいます。

さらに、そんなマイナスの体験を理由に、将来についても否定的。自分に自信がなく、いつも他人と比べて、「自分は……」と思ってしまいます。とくに女性の場合、人と比べて落ち込んでしまうことが多く、愚痴っぽいところがあります。

［気質］

明るくてノリがよく、直感で行動する面があり、ちょっとしたことで怒りが爆発することも。

その怒りは、他人に対しての場合もありますが、たとえば、コンビニエンスストアに買い物に行こうと思ったところ、いつも使っているエコバッグが見つからないというような事象に対して、「なんで、ないんだよっ」と、いらだちを隠せなくなるようなタイプの感情の爆発です。

しかし、このことは、喜怒哀楽の感情表現が豊かだ、ということもできます。

ケラケラ笑ったり、号泣したり、寂しくて落ち込んだりと、1日のうちでも感情の動きがバラエティに富んでいます。悪くいえば、感情のコントロールが不安定ともいえるかもしれません。

見栄っ張りで、虚栄心が強く、行ったこともないのに「行ったことがある」とか、食べてもいないのに「食べたことがある」とか、小さな嘘をついてしまうことも。

そんな自分の精神年齢は低い、と自覚もしています。

［行動］

あれこれ計画して行動に移すというより、思いつきで行動するタイプです。

基本姿勢としては保守的ですが、好奇心が非常に強いため、自分の興味の対象にはとことんのめり込むところがあります。とはいえ、注意力は散漫で、なかなか1つのことに集中することができません。

たとえば、幼少時、虫取りに行って虫をつかまえていたところ、ふと目に入った木の節に興味を持ち、それを手で触っているうちに、木の下に落ちていた不思議な形の石に目が行き、石探しを始める……といった具合に、コロコロと興味の対象が移っていきます。しかし、翌日になれば、また虫をつかまえに行く、といった感じです。

また、やりたくないことは、どんどん後回しにする傾向があり、トラブルなどの問題が起きても、先送りにして、結果的に大問題に発展してしまうこともあります。

［勉強や仕事］

勉強や仕事に対する満足度は低めで、とくに女性のほうが不満を持っているようです。

バリバリ仕事をしたいというよりも、就業時間内をとりあえず無難に過ごせればいいと考え、仕事に対しては、やや後ろ向きです。

数字を扱うなどの緻密な作業は苦手。交渉力・プレゼン力も低いため、会議や打ち合わせなどでは議事録係に回ることが多いです。

とはいえ、周囲に順応することができるので、職場の人間関係への満足度はやや高めです。ワークライフバランスは、不満でも満足でもなく、「今のままでよい」と思っています。

笑っていたと思ったら
次の瞬間、怒り出す…
アイデアマンタイプ

人間関係

なかなか自分の本音を口にできない

［基本的なスタンス］

基本的に人見知りです。

そのため、誰とでも仲良くなれるというよりも、人間関係はどちらかというと「狭く深く」が基本です。しかし、性格が暗いとか無口というわけではなく、陽気でノリもよく、人からの頼まれごとは基本的に断りません。

あまり気が乗らない会合だったとしても、ちゃんと顔を出すので、人に嫌われることはあまりありません。

また、人と会話をしているときでも、人の話を聞いている最中でも、自分が伝えたいと思ったことはすぐに伝えることができます。

ただし、感情にムラがあり、話をしていても集中できず、時々別のことを考えたりしています。グループで話しているときや会議のときなどは、気がつかないうちに会話が進んでいて、思っていたことが口に出せないで終わってしまうこともあります。

このタイプは、人間関係に不満を持つようなことはなく、かなり満足しています。

また、自分に自信がないわりにプライドは高く、「人より優れていたい」という思いが強いので、勝負事や競争に熱くなりがちです。

そして、「周りに注目されたい」との思いも強いのですが、あまり期待されてしまうと、嬉しい半面、「期待に添えなかったらどうしよう」と、不安もどんどん感じてしまいます。

そのため、プレッシャーには相当弱いタイプといえます。

〔人への共感性〕

他人に対する優しさ、共感性、献身性は普通ですが、感受性は豊かで、涙もろいタイプです。

テレビなどのドキュメンタリー番組はもちろん、クイズ番組などで激戦を突破して優勝した出場者に涙する、なんてこともあるはずです。

また、相手から期待をされることがあると、それに応えようと、ガマンしたり無理をしたりする一面があります。

よほどのことがなければ、誰かを嫌いになることはありませんが、倫理観や社会常識に欠ける人は嫌いです。

自己主張は弱めで、何が何でも自分の意見を通したいという感じではなく、自分の意見が通らなくても気になりません。

しかし、あとになって「本当は、こう思っていたわけではないのに……」との思いが湧き、人前

9タイプ中

アイデアマンタイプが“ナンバーワン！”の性格要素

競争や勝負事には熱くなりやすい
感情の起伏が激しい
仕事はプロセスが大事だと考えている
No.1

で「自分らしさ」を表現できていないことに悩む場面も多いようです。

また、人から何か指摘されたり、注意を受けたりすると、「なんで、そんなことを言うんだよっ」と、怒りを露《あら》わにしたり、ずっとそれを根に持ったりする一面もあります。

［他人への興味］

このタイプの人は、相手がどんな状態にあるのか、相手に自分がどう思われているかを非常に気にしています。

「嫌われているんじゃないか」「OKと言っていたけれど、本当は嫌なんじゃないだろうか」と、裏の意味があるんじゃないかと勘ぐったりします。

また、相手のミスに対しては手厳しい面が。相手の遅刻にはうるさいくせに、自分は約束の時間ギリギリに到着するようなところもあります。

［恋愛］

恋愛に対しては、不満に思っているわけではありませんが、かといって満足しているわけでもないようです。

恋愛経験が豊富というわけではありませんが、異性に対する興味が強く、恋愛に積極的、かつ、のめり込みやすいタイプ。一瞬で恋に落ちてしまうことも多いでしょう。

このタイプの男性は面食いが多く、女性は顔が第一と考えています。

最初の印象でアリかナシかを決めてしまうので、学校や職場で友達関係から恋人に発展するということは少なそうです。

また、女性の場合は、高身長や高収入の男性を好む傾向が強いようです。どんなに性格がよくて趣味が合っていたとしても、背が低いと「親友止まり」ということも多いでしょう。

直感系

アイデアマンタイプと他のタイプとの相関図

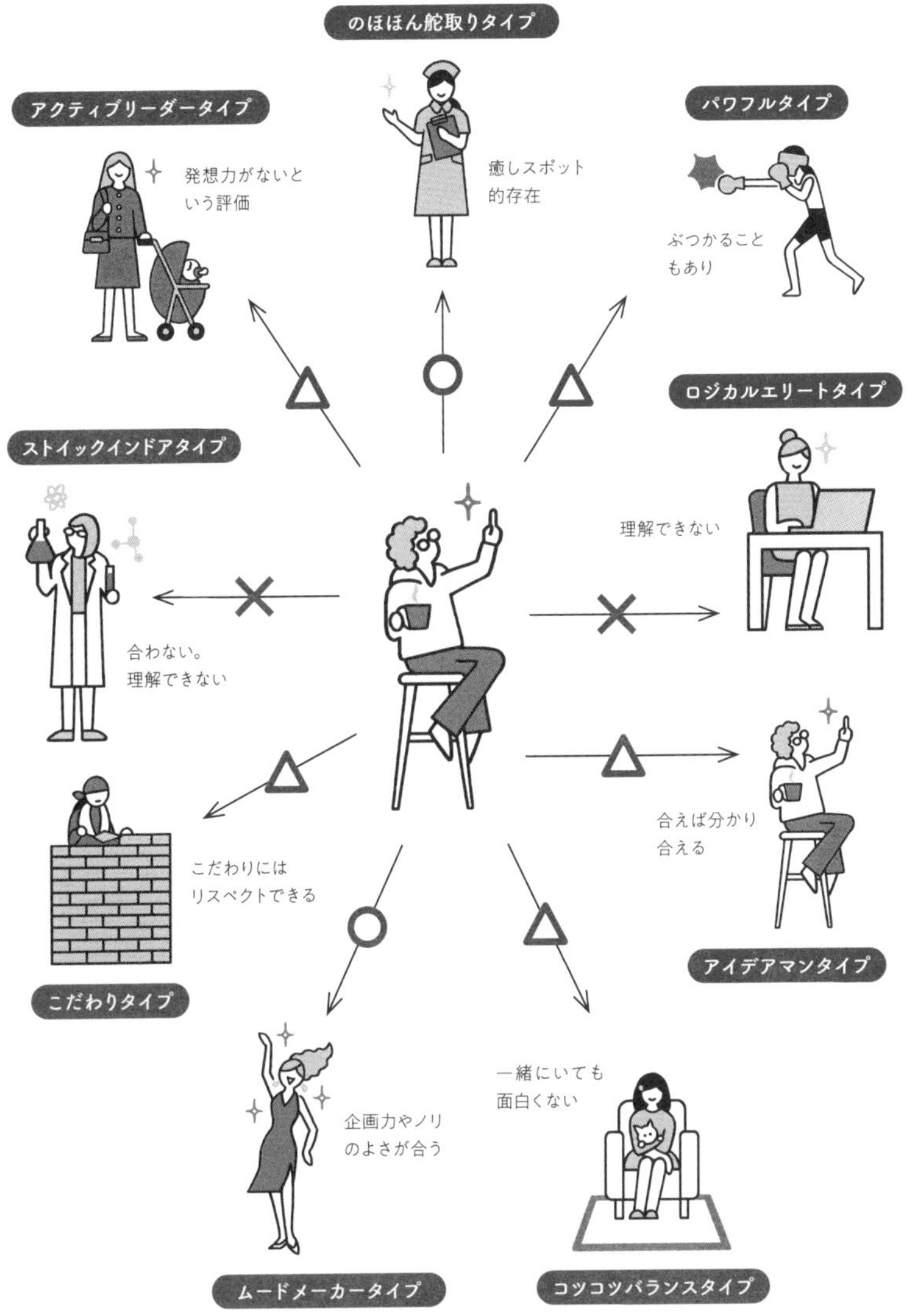

のほほん舵取りタイプ
癒しスポット的存在
○
アクティブリーダータイプ
発想力がないという評価
△
パワフルタイプ
ぶつかることもあり
△
ロジカルエリートタイプ
理解できない
×
ストイックインドアタイプ
合わない。理解できない
×
アイデアマンタイプ
合えば分かり合える
△
こだわりタイプ
こだわりにはリスペクトできる
△
ムードメーカータイプ
企画力やノリのよさが合う
○
コツコツバランスタイプ
一緒にいても面白くない
△

「5つの指標」の調整で

自在に「性格」を変える

性格は「行動」と密接に結びついているため、日ごろの行動に少し変化を加えるだけで、性格を決める「5つの指標」のバランスを調整することができます。以下を参考に実践してみましょう。

AC「協調性」を高める行動

- 自分の意見を言うときは、人の意見をよく聞いてから
- 人から誘われたときは断らない

AC「協調性」を下げて自立心をアップする行動

- スマホ断ちしてみる
- 海外で一人旅をする

FC「自由奔放さ」を高める行動

- ライブで大騒ぎする
- 服装や髪型を大きく変えてみる

FC「自由奔放さ」を下げて忍耐力をアップする行動

- 行動や発言の前に一呼吸おく
- 目標設定してスケジュール通りに行動する努力をする

A「論理性」を高める行動

- オセロやチェス、将棋など先を読むゲームをやる
- TO DOリストを作って優先順位をつける

A「論理性」を下げて柔軟性を高める行動

- 何も考えずボーっとする1日を作る
- ギャンブルをしてみる

NP「優しさ」を高る行動

- 感動する本や映画になるべくたくさん触れる
- ボランティアに参加する

NP「優しさ」を下げて自己主張ができるようになる行動

- 理不尽さを感じたら紙に書き出して忘れないようにする
- 「イヤだ」という意思表示を心がける

CP「厳しさ」を高める行動

- 常に10分前行動を自分に課す
- 就寝時間に関係なく、同じ起床時間を守る

CP「厳しさ」を下げて自他に優しくなる行動

- 呼吸法や瞑想でリラックスする
- 「完璧でなくてもいい日」を作る

Part2

9タイプ別・人間関係攻略のコツ

賢者系

アクティブリーダータイプと上手に付き合うには？

31の型でこのタイプに入るのは

- ・ライン型I
- ・台形型I
- ・台形型II
- ・ACボトム型
- ・Z型II

理想を追求して形にする「夢追い人」。上手に頼るのがポイント

01

ディグラム木原のデータ分析

「笑う門には福来る《きた》」常にポジティブなコミュニケーションを！

このタイプへの基本的なアプローチ法

リーダータイプなので、従う姿勢で接する

このタイプの人は、何事にも意欲的です。周りを引っ張る強い行動力や向上心があり、リーダーになることが多いでしょう。性格も明るくて面倒見がよいので、年上からも年下からも、分け隔てなくいろいろな人から好かれます。

また、自分が立てた目標に向かって最短距離を目指します。そのため、周りの人の都合を考えずに、自分のペースでグイグイと進めてしまうところがあります。

そのため、このタイプに対して「ついていけない」「〇〇さんは優秀だから、できない人の気持ちがわからない」と感じることも多いでしょう。

アプローチとしては、何かを相談したり、一緒に行動するときなどは、決定権を渡すようにしましょう。リーダータイプなので、お任せすると、積極的にどんどん動いてくれます。

このタイプを相手にしたときは、言うことに従うように接すると関係性がうまくいきます。

関係性別アプローチ法

［パートナー（夫や妻）］

行動力があり、自分でどんどん決めていきたいタイプです。

家を購入するといった大きな決断や、引っ越しなどでも同様です。相手に主導権を持たせることで、決めごともスムーズになり、2人の関係はうまくいきます。実際、責任感も強いので、相手に任せたほうが物事を滞りなく進めることができるでしょう。

料理が好きで、家に人を呼んでパーティーをす

ることも好き。休日などに大勢でワイワイできるような過ごし方を提案すると、喜んで計画を立ててくれるはずです。

〔恋人〕

恋愛体質というわけではありませんが、このタイプの相手は恋愛には積極的で、初めのうちは、グイグイくることもあるでしょう。

とはいえ、恋愛にのめり込むのではなく、仕事や自分の趣味などもしっかり充実させたいタイプなので、あまり束縛しないようにしてください。

さらに、自分で何でも決めたいタイプなので、デートの予定や旅行の予定などを立てるときは、相手に行き先や日程などの詳細を決めてもらうようにしたほうがうまくいくでしょう。

旅行は、国内旅行よりも海外旅行のほうが好き。リゾート地などで自然に囲まれながらゆっくり過ごしたいと考えているようです。

〔親〕

父親であれ、母親であれ、このタイプの親は一家の大黒柱的な存在。まさに家族の中心です。家族で出かけるときやイベントごとなども、いつも親のほうから提案してくるはず。

そのため、基本的には親の意見に乗っておいたほうが、その後の関係性もスムーズに。

年齢を重ねても、「歳だから」と言い訳をせず、新しいことにチャレンジする姿勢がありま す。「年甲斐もなく」という言葉は禁句です。

人間は、どんどん歳を取っていくので、何歳になっても「今」が人生の中で一番若いとき、ともいえます。ぜひ親のチャレンジを応援してあげてください。

〔子ども〕

このタイプの子どもは好奇心が強く、勉強や趣味など、何事にも幅広く興味を持ちます。そのため、少しでも本人が「やりたい」と言ったことは、積極的に体験させるとよいでしょう。

また、精神年齢が他の子どもよりも高いため、周囲とうまくいかないこともあるかもしれません。無理に合わせようとせず、子どもの個性を生かす方向で支えていきましょう。

進学先や就職先など、進路は自分で考えられるタイプなので、あれこれ口出しせず、見守るようにしてください。

〔親族〕

このタイプは、家族を大事にする人が多く、盆暮れ正月など、積極的に親族で集まって過ごしたいと考えています。付き合いは大変かもしれませ

木原's Advice

アクティブリーダータイプ
との付き合い方

恋人には
・束縛はしない
・予定は決めてもらう

親には
・意見に乗る
・チャレンジを応援する

子どもには
・「やりたい」ことは体験させる
・口出しせず見守る

んが、その計画に乗っておけば、基本的には問題はないでしょう。

〔友人〕

明るく、誰からも好かれるタイプなので、いつも周囲に人がいます。飲み会やバーベキューなどのイベントを積極的に企画し、いつでも仲間の中心的な存在です。

一方、こちらからの遊びの誘いは、いくら親友の誘いだとしても、気が乗らないときはキッパリ断ります。そのため、1回断られたら、あまり無理強いしないほうがいいでしょう。

また、困っている人を見ると放っておけない優しい心の持ち主なので、何かあったときは遠慮なく相談しましょう。そのことで「貸しを作った」という態度になる場合もありますが、それさえ気にならなければ、どんどんこちらから頼っていく

木原's Advice

アクティブリーダータイプとの付き合い方

友達には
- 無理強いをしない
- 遠慮なく頼ってよし

上司には
- 基本、そのやり方に従う
- 報告・連絡・相談を徹底

部下には
- 仕事は任せてOK
- こまめにほめる

と、相手は嬉しくなります。

［知人（職場の同僚・サークル仲間）］

計画性や実行力に優れているので、何事も任せておけば安心です。

とはいえ、「自分の意見は何が何でも通したい」と考えるところがあり、意見が合わないときは厄介です。こちらの意見を押し通そうとすると関係性が悪化していくので、あなたの側が折れてしまったほうがラクです。

また競争心も強いために、こちらは何とも思っていないのに、勝手に熱くなって勝ち負けを決めたがる傾向があります。そういうときは、同じ土俵に立たずに、客観視するようにしましょう。

［ママ友・パパ友］

このタイプの人は、相手の学歴や社会的地位などを気にします。そのため、「どこの大学出身？」「お勤め先は？」などと聞いてくることが多いのですが、それは単純に気になるだけなのと、自分より優秀な人に対して興味があり、いろいろな話を聞いて知見を広げたいという向上心からくるもの。

もし正直に答えるのが嫌なら、「東京のほうの大学」「ＩＴ関係の会社」程度のざっくりした答えをしておけばよいでしょう。

基本的には、広く浅い付き合いをよしとしますが、みんなでワイワイ集まるのが大好き。パパ会やママ会などを主催することもしばしば。リーダー的な存在となるでしょう。

［上司］

基本的には明るい性格で、部下からも慕われるタイプです。責任感が強く、厳格な一面があり、時折、厳しく指導することがあります。このタイプの人は、自分にも厳しいため、ある意味、一貫性があります。

また、自分の仕事のやり方を相手に押しつける一面もあります。今までのやり方に慣れていたとしても、このタイプの上司が求めるやり方に従ったほうが、後々の関係はスムーズに。

些細《ささい》なミスなども許せないので、仕事に関しては気を抜くことができませんが、いわゆる「ホウ（報告）・レン（連絡）・ソウ（相談）」をすることで、トラブルを未然に防ぐことができます。

［部下］

明るくて、計画性や行動力に優れているので、とても頼れる部下です。

何かトラブルがあっても自分で解決することができますし、約束をしっかり守り、責任感も強いので、大きな仕事を任せることもできます。

ただし、一人で突っ走ってしまうようなところがあるので、その辺りはきちんとフォローすることが大切です。

承認欲求が強いタイプなので、仕事の進捗《しんちょく》状況などの報告をされたときには、「ありがとう、○○さんのおかげで仕事が予定通り進んでいるよ」といったように、状況に応じてこまめにほめてあげるとよいでしょう。

［ご近所］

明るく、行動力があり、町内会のイベントなどにも積極的に関わりたいタイプです。

しかし世話好きでおせっかいな一面があるので、時々、うっとうしく感じることがあるかもしれません。「そういう性格の人なんだ」と思っておけばよいでしょう。

郵 便 は が き

おそれいりますが
63円切手を
お貼りください。

1028641

東京都千代田区平河町2-16-1
平河町森タワー13階

プレジデント社
書籍編集部 行

フリガナ		生年（西暦） 年
氏　　名		男・女 / 歳
住　　所	〒 TEL　　（　　）	
メールアドレス		
職業または学校名		

ご記入いただいた個人情報につきましては、アンケート集計、事務連絡や弊社サービスに関するお知らせに利用させていただきます。法令に基づく場合を除き、ご本人の同意を得ることなく他に利用または提供することはありません。個人情報の開示・訂正・削除等についてはお客様相談窓口までお問い合わせください。以上にご同意の上、ご送付ください。
<お客様相談窓口>経営企画本部 TEL03-3237-3731
株式会社プレジデント社　個人情報保護管理者　経営企画本部長

この度はご購読ありがとうございます。アンケートにご協力ください。

本のタイトル

●ご購入のきっかけは何ですか?(○をお付けください。複数回答可)

1 タイトル　2 著者　3 内容・テーマ　4 帯のコピー
5 デザイン　6 人の勧め　7 インターネット
8 新聞・雑誌の広告（紙・誌名　）
9 新聞・雑誌の書評や記事（紙・誌名　）
10 その他(　)

●本書を購入した書店をお教えください。

書店名／　（所在地　）

●本書のご感想やご意見をお聞かせください。

●最近面白かった本、あるいは座右の一冊があればお教えください。

●今後お読みになりたいテーマや著者など、自由にお書きください。

どうもありがとうございました。

上手に付き合うには言葉選びも重要ポイント！

アクティブリーダータイプへの OK＆NG声かけ例

OK

みんなから愛されているよね。

目標に向かって一直線なその姿勢、カッコいい！

いつも元気をもらっています！

あなたのその行動力、見習いたい！

NG

また一人で勝手に決めたの？

そんなに急いでどうするの？

また一人で空回りしてるよ

もうちょっと周囲に配慮したら？

慎重系

コツコツ バランスタイプと上手に付き合うには？

31の型でこのタイプに入るのは

・ライン型II
・ライン型III

温和で行動力も控えめ。こちらが意識してリードすると◎

02

ディグラム木原のデータ分析

「千里の道も一歩から」コツコツ信頼を勝ち取ることが大事

このタイプへの基本的なアプローチ法

自分の世界に踏み込まれたくないのが本音

このタイプの人は、「これがしたい」「あれが欲しい」という欲求があまりありません。

良くも悪くも自己主張がないので、時々、何を考えているかわからないこともあるでしょう。

あまりにも反応がないので、こちらからの提案も、「本当は嫌なんじゃないか？」と勘ぐりたくなりますが、本人はとくにプラスの感情もマイナスの感情も持ち合わせていません。

また、大勢といるよりも、一人でマイペースに行動することを好みますが、それは他人と行動をともにすることで、波風が立ったり、面倒に巻き込まれるのが苦手だからです。

周囲から見ると、いつも一人でいるので「他人に無関心なのではないか」と思われがちですが、どちらかというとトラブル防止の意味合いが強く、相手の世界に踏み込みさえしなければ、こちらからアプローチをしてもいいでしょう。

関係性別アプローチ法

［パートナー（夫や妻）］

このタイプの人は、自分で計画を立てるのが苦手です。

週末、連休、年末年始の予定なども、直前にならないと決められなかったり、当日になって平気で変更するなど、わりと行き当たりばったりで過ごします。

とくに男性は、事前に計画を立てるのが苦手で、それが気になるようであれば、こちらから計画を立て、相手に了承を得るようにしましょう。

このタイプは、他人との衝突を望まないので、よほど嫌な計画でない限り、不満を言ったりダメ出しをすることはありません。

［恋人］

一見したところ、恋愛には消極的に見えるタイプですが、恋愛に対する心理的ハードルが低いために、意外と恋愛経験は豊富です。

とはいえ、積極的に恋人とデートをしたいタイプではなく、仕事で1カ月ぐらい会えない期間があっても、わりと平気です。

また、恋人からのデートの誘いでも、気分が乗らなければ平気で断ったりします。悪気はなく、あなたのことが嫌いになったわけでもないので、いちいち落ち込まないようにしましょう。

かといって、このタイプの人は自分から積極的にデートに誘うことがないので、ダメ元でもいいので、あなたのほうから誘い続けるようにしましょう。

このタイプは性格が温厚で消極的ですが、実は大勢で遊ぶこと、スポーツ、アウトドア活動に興味があるので、あなたのほうから誘うといいでしょう。

［親］

仕事人間で家庭を顧みないといったタイプではないので、父親も母親も家にいる時間が長いかもしれません。

かといって、いわゆる「マイホームパパ」のように、家族で旅行やキャンプに出かけたりするようなことはありません。

定年退職後も、ずっと家に閉じこもり、子どもとしては、もうちょっと積極的に外に出かけてほしいと思うかもしれませんが、一人でゆっくり過ごすほうが気楽なようです。

もし気になるようであれば、あなたから一緒に行く旅行の計画を立てたり、食事に誘うなどするようにしましょう。

〔子ども〕

おとなしくてマイペース。自分の世界に閉じこもって過ごすことが好きなタイプです。

このタイプの子どもは、クラブ活動や部活動、習い事なども、本当に興味を持ったこと以外、自分から「やりたい」と言いません。

そのため、親のほうから連れ出したり、体験をさせたりして、子どものアンテナに引っかかることを見つけてあげられるとよいでしょう。

スポーツや勉強でも、このタイプは、一度やり始めて目標が定まれば、コツコツとそれに向かって行動することができます。

木原's Advice

コツコツバランスタイプとの付き合い方

パートナーには
- 計画・行動が苦手なことを許容する
- 計画は先に決めてから了承をもらう

恋人には
- 誘われなくても落ち込まない
- こちらから積極的に誘う

親には
- 一人で過ごすことを心配しない

子どもには
- 積極的にさまざまな体験に連れ出す
- 興味が持てることを探す手伝いをする

〔親族〕

広く浅い親戚付き合いをするのは苦手ですが、血のつながった兄弟姉妹や親子などとは深い付き合いをしたいと考えるタイプです。

関係性が近い相手であれば、こちらからまめに顔を出すようにしましょう。誰々の奥さんの兄弟姉妹、誰々の弟の結婚相手などと、少しでも関係性が遠くなると、興味がなくなります。

〔友人〕

このタイプの人は、自分から積極的に話しかけて、どんどん友達を作ろうとする感じではありません。ごく少数の人と深い付き合いをしたいと考えます。ですから、あなたは気を許せる数少ない友人の一人なのかもしれません。

ひとたび仲良くなると、「この人、こんなにおしゃべりだったの？」と驚くかもしれません。

木原's Advice

コツコツバランスタイプとの付き合い方

- **友人には** ・遊びの計画はリードしてあげる
- **知人には** ・プライベートに踏み込まない
- **ママ友・パパ友には** ・挨拶をかわす程度が吉
- **上司には** ・質問や指示を仰ぐときはこちらから積極的に
- **部下には** ・数字処理や緻密な作業は任せてOK

また、このタイプは遊びの誘いなども、自分からするのは苦手。あなたのほうから誘うことが多いでしょう。また、旅行などの計画や予約も一切しません。

そのため、「もううんざり」と、こちらは不満を募らせがちですが、このタイプは計画性に欠けるので、相手に任せず、あなたのほうからどんどんリードしていくといいでしょう。

［知人（職場の同僚・サークル仲間）］

職場やサークルなどおおやけの場所では、いつでも周囲の空気を読んで行動するので、周囲の人に嫌われることは少ないようです。

人付き合いも消極的で、存在感も薄めです。そのため、つかず離れずの、ほどよい温度感で付き合うことができます。

このタイプの人は、自分の世界に踏み込まれるのが嫌なので、家庭のことや生い立ちなどプライベートの話題を振ったりせず、なるべくあたりさわりのない会話をするようにしましょう。

［ママ友・パパ友］

他人に対する関心が薄く、保育園・幼稚園・PTA活動などで知り合っても、事務的な会話や挨拶をする程度の関係で十分と考えています。

とはいえ、このタイプの人は、他者とのコミュニケーションが苦手というわけではなく、気心の知れている人とは、深く長く付き合っていきたいと考えています。

打ち解ければ、ママ友・パパ友の関係を超えて、一生の友人となる可能性もあります。

［上司］

このタイプの上司は、決してバリバリと仕事を積極的にこなす人ではありません。

もちろん、仕事の能力はあり、就業時間内にはきちんとやるべき仕事をしますが、時間になったら仕事が残っていようといなかろうと、サッサと退社します。そういう意味では、部下のほうも、上司に遠慮してなかなか家に帰れないということはないので、気がラクかもしれません。

また、温厚な性格で、感情に任せて部下を叱ったりするようなこともありません。しかし、裏を返せば、部下を育てようという気持ちも希薄ということ。

そのため、仕事を覚えたいのならば、あなたから積極的に指示を仰いだり、仕事のやり方を具体的に聞くようにするとよいでしょう。

［部下］

このタイプの部下は、おとなしく、仕事にやる気がないようにも見えます。実際、熱意を持って仕事に向かっているというより、義務感で仕事をしているといったほうが近いでしょう。

そのため、決められたことを正確に仕上げることはできますが、自分から積極的にアイデアを出すことはあまり期待できません。

とはいえ、きちんと指示を出せば着実に仕事ができるタイプです。集中力もあり、物事を理解するのも早いほうです。とくに数字処理のような緻密な作業は得意で、積極的に任せるようにするとよいでしょう。

［ご近所］

このタイプの人は、ご近所付き合いも挨拶や会釈程度で済ませたいと考えます。「自分は自分、他人は他人」と思っているので、こちらからあえて関係を近づけていく必要はありません。

上手に付き合うには言葉選びも重要ポイント！

コツコツバランスタイプへの OK＆NG声かけ例

OK
いつも周りを気にかけてくれているよね。
いつも穏やかで、気持ちが安定しているよね。
自分のスタイルを持っていて素敵。
みんなの癒しの存在だよ。
いつも本心を言わないよね。
何を考えているのかわかりにくい。
NG
もっと積極的になったほうがいいよ。
また一人でボーッとしてる……。

楽天系

ムードメーカータイプと上手に付き合うには？

31の型でこのタイプに入るのは

・M型
・台形型Ⅲ
・FCトップ型
・CPボトム型
・逆Z型Ⅰ

世話好きで自由なお調子者。とにかく盛り上げてあげて！

03

ディグラム木原のデータ分析

「鉄は熱いうちに打て」盛り上がっているときこそ相手の懐《ふところ》に入るチャンス！

このタイプへの基本的なアプローチ法

ノリはよいが、生返事には気をつけて

このタイプの人は、いつでもポジティブ、社交的で友達も多いのが特徴です。

ノリがよく、フットワークも軽いので、飲み会やパーティーなどの幹事を任せると、ササッと場所や時間を決めて、何十人単位で人を集められるような求心力と行動力があります。

また仕事やプライベート、人間関係など、人生において深く悩むようなことはせず、シンプルに物事を考えます。そのため、単純明快で意思決定も早いのが特徴です。

このタイプの人は、興味の対象が幅広く、1つのことに没頭するのは苦手です。趣味に関しても、同じものを続けるというよりも、流行《はや》りものに飛びついたり、友人のおすすめにすぐ手を出したりと、あれこれ首を突っ込んでいたいというタイプです。

あっちこっちに気が多いので、人との約束や頼んだ仕事、課題などをついつい忘れてしまうこともしばしば。

調子がよいために生返事も多いので、こまめにリマインドをするとよいでしょう。

関係性別アプローチ法

［パートナー（夫や妻）］

明るくてノリがよく、何でも勢いで決めてしまうようなタイプです。

「○○に旅行に行きたい」とか「○○を買いたいね」と、こちらがふと口にしたら、「なら、今週末に行っちゃおう！」「今すぐ買いに行こう！」というように、フットワークの軽さも兼ね備えて

います。

計画性はなく、事前の準備をしないため、旅先でお目当てだった食堂が定休日だったり、「買った家具のサイズが、置きたい場所よりも大きかった」というような失敗も少なくありません。

そのため、細かいところはこちらがチェックしてフォローするようにしましょう。

［恋人］

このタイプは恋愛に対しても積極的で、付き合っている最中でも、ノリで浮気をしてしまわないか心配なところがあります。

ある意味、情熱家なので、一度ついてしまった火はなかなか消すことができません。火が燃えているときは、わずかな時間をぬってでも会いにきてくれたり、深夜や早朝、時間を問わず「声を聞きたい」と連絡をしてくることも。

ちょっと面倒に思うかもしれませんが、あなたが冷めた態度をとれば、相手の熱もどんどん冷めていき、あっという間にあなたと別れて、次の恋へと進んでしまいます。

もしこのタイプの人と関係を続けたいのであれば、できるだけ相手のテンションに合わせるようにするとよいでしょう。

［親］

このタイプの親は「自分の周りの人がハッピーでいられることが幸せ」と思う人。家族に対してもサービス精神が旺盛《おうせい》です。

週末は旅行や買い物に出かけたり、友人家族と一緒にキャンプに行くなど、家族ぐるみの付き合いを計画することも多いでしょう。

定年退職後も、趣味仲間や学生時代の友人などとの交流があり、カレンダーは仲間との飲み会や食事会、旅行などでぎっしり埋まっています。

予定が空白であれば、自分で何かを企画して仲間を集めるので、子どもの側としては、たとえ離れて暮らしていて、なかなか会いに行けなかったとしても、ある意味安心かもしれません。

[子ども]

明るくお調子者で、飽きっぽいところがあり、まさにやんちゃな子どもらしい子どもです。

夏休みの宿題なども後回しにして、結局終わらないという場合も多いのですが、「宿題は終わったの？」「宿題が終わってから遊びに行きなさい」などと、親から干渉されて締めつけられることは嫌がります。

進路に関しても行き当たりばったりなところがあり、親としては心配かもしれませんが、本人はいつでも明るくポジティブ。周りにも好かれる人

木原's Advice

ムードメーカータイプとの付き合い方

パートナーには
・計画は雑なので細部はチェック

恋人には
・できるだけ相手のテンションに合わせる
・冷めた態度は控える

子どもには
・干渉は控えめに
・ポジティブな部分を褒める

親族には
・デリカシーに欠ける言動はスルー

気者なので、そういった長所に目を向けましょう。

〔親族〕

「お節介な親戚のおばさん」「いつも酒を飲んで陽気な親戚のおじさん」を絵に描いたようなのがこのタイプ。

その言動はデリカシーに欠ける面がありますが、悪気があるわけではありません。ですから、こちらがニコニコ笑って、ある程度スルーする技術を身につけていれば問題ないでしょう。

〔友人〕

明るくて人の世話をするのが大好きなタイプ。

こちらが、「ちょっと具合が悪い」と言えば、心配して栄養ドリンクなどを差し入れてくれたり、失恋して落ち込んでいたら、夜中でもかまわず会いにきて慰《なぐさ》めてくれたりします。

木原's Advice

ムードメーカータイプとの付き合い方

友人には
- 親切にされても依存しすぎない
- 約束を後回しにされても気にしない

ママ友・パパ友には
- 無理なお願いごとは断ってOK

上司には
- 誘いには基本乗っておく
- アドバイスは参考程度に聞いておく

部下には
- 褒めるのはここぞというときだけ

ご近所には
- 仕事は任せきりにせずフォローが必須

そのため、こちらは唯一無二の親友と感じるかもしれませんが、このタイプは誰に対しても人情に厚いので、自分だけが「特別な友人」と思っていると、他の人との約束を優先されて「あれ？」というようなことにもなりかねません。

［知人（職場の同僚・サークル仲間）］

いわゆるパリピな性格。飲み会の幹事を引き受けたり、「今から飲みに行こう！」と言えば、5人、10人はあっという間に集まるような求心力があります。

といっても、お店が決まっているわけではなく、とりあえず繁華街に繰り出して、片っ端から店をのぞいて探すような計画性のなさがあります。

頭の回転も速く、臨機応変に対応できるので、意外と物事がうまく運んで、最終的には全員が楽しい気分で会を過ごすことができます。

［ママ友・パパ友］

とても世話好きなタイプです。早々にグループLINEを作り、幼稚園や学校での持ち物情報、流行っている風邪などの病気の情報、人間関係の情報などを積極的に流してくれます。

仲良くなっておくと、何かと助かる存在といえます。

とはいえ、良くも悪くも自分と他人の境界線があいまいで、ものの貸し借りも日常的。時々、えっと思うようなものを「貸して」と言ってきたりしますが、その辺は断ったとしても、相手が気を悪くすることはありません。

［上司］

ノリがよく、部下から慕われる存在です。言っていることや指示がコロコロ変わったりしますが、それは計画性のなさゆえ。

仕事が終わったら、「飲みに行くか！」となることも。まるで昭和の風習を引きずっているかのようなところもありますが、どうしても嫌でなければ、誘いに乗っておくのが得策です。

職場や仕事の愚痴を言ったり、プライベートの悩みを相談したりすると、親身になって聞いてくれるでしょう。

とはいえ、その場のノリや思いつきで返事をするので、そのアドバイスが本当に役に立つかどうかはまた別の話です。

［部下］

いつでも明るくて、挨拶や返事の声も大きく、社内のムードメーカーです。指示を出してもすぐに行動し、チームで仕事をするのも得意です。

仕事に対する姿勢も熱心で、アイデアマンでもあるので、新入社員であっても臆《おく》することなく考えを提案してきます。ただし飽きっぽいのが玉にキズ。ほめすぎると調子に乗るので、その辺は控えめに。

プロジェクトなどで一緒になる場合は、メンバー全員と仲良くなりたいと思うタイプなので、こちらからランチなどに誘ったりすると喜びます。

［ご近所］

明るく朗らかで、町内会の掃除当番や旅行、お祭りの準備などにも積極的に参加します。

チャレンジ精神が旺盛で、あらゆることに前向きなので、このタイプの人に任せておけば安心。

しかし、あまりにもポジティブすぎるので、トラブルがあっても「大丈夫」と気にせず、同じような失敗を何度も繰り返します。任せっきりにせず、周囲がちゃんとフォローするとよいでしょう。

上手に付き合うには言葉選びも重要ポイント！

ムードメーカータイプへの OK＆NG声かけ例

OK

いつも
みんなの
輪の中心に
いるよね。

いつも新しいことに
チャレンジ
しているよね！

あなたの
行動力は、
本当に
パワフル！

その好奇心、
見習いたい！

NG

そんなに
浅い考えで
大丈夫？

またあちこち
飛び回ってるの？

もう少し相手の
気持ちを尊重したら？

また何か
忘れてない？

職人系

こだわりタイプ
と上手に
付き合うには？

31の型で
このタイプに
入るのは

・CPトップ型
・NPボトム型
・Z型ー

他人に興味がない
頑固者。こちらからは
常識を持った態度で

04

ディグラム木原の
データ分析

「急がば回れ」
じっくり腹を据えて
しっかり伝えよう

このタイプへの基本的なアプローチ法

ルールを守って常識的な付き合いを

このタイプの人は、曲がったことが大嫌い。何でも一本、筋を通したがります。

常識を重んじるタイプで、よくいえば真面目。悪くいえば頑固。人が見ていても見ていなくても、きちんと決まりやルールを守ります。

たとえば、校則などもキッチリ守るタイプ。コロナ禍《か》であったら「マスク警察」になりかねない人で、相手にマスクアレルギーがあったり、何か事情があってマスクをしていなかったとしても、「ルールはルールだから」と許しません。そのため、周囲からは「融通《ゆうずう》が利かない人」と思われがちです。

とはいえ、このタイプは自己が確立されているので、周囲の人からどう評価されるかは気になりません。

また、こだわりが強くて視野が狭いので、嫌なものは嫌だとはっきり拒絶します。

さらに人の感情や空気を読むのも苦手なので、周囲との衝突が多いです。いわゆる「困ったちゃん」ですが、「この人は、困ったちゃんなんだ」と割り切って付き合うのが一番よい対策です。

関係性別アプローチ法

[パートナー（夫や妻）]

とにかく頑固。一度決めたら譲らないところがあります。

また、その場の空気を読むのが苦手なので、「一緒に住んでいるのだから、これぐらいわかってくれるだろう」とか、こちらから「察してほしい」とは思わないほうがいいでしょう。

あなたが風邪で寝込んだとしても、「薬を買ってこようか？」「何か食べたいものはない？」などというセリフは期待できません。

ですから、このタイプには言いたいことをはっきりと言ってかまいません。ただし、それを相手が受け入れるかどうかは、また別の話です。

［恋人］

自分は自分、他人は他人。あなたが何と言おうと嫌なものは嫌なタイプ。

付き合い始めのころは、あまり問題にはならないかもしれませんが、将来のことを考えたときに、互いに歩み寄って意見をすり合わせていこうという考えや配慮がありません。

とはいえ、とにかく真面目なのが取り柄。浮気をしたりギャンブルにはまったりすることは少ないので、結婚相手としては、ある意味安心です。

［親］

父親であれば、「頑固親父」そのものです。母親も同じく頑固で意地っ張り。ちょっとしたことでへそを曲げては、意地でも自分の意見を押し通そうとします。

たとえば、こちらがどんなに「スマホにすれば？」と提案しても、最後の最後までガラケーを使い続けるタイプ。そもそも「携帯電話は不要だ、家の電話で十分」と考えています。

保守的な考えがベースにあるので、こちらがどんなによいと思ったものでも、なかなか取り入れようとはしてくれません。よかれと思っても、無理強いしないようにしましょう。

［子ども］

頑固で意地っ張りなところがあり、杓子定規《しゃくしじょうぎ》で、融通が利きません。

たとえば、遊園地に連れて行くと、身長130cm以上の人しか乗れない乗り物で、「学校の身体測定で129・5cmだから乗れない」などと、自分から申告するようなタイプの子どもです。

好奇心旺盛という感じでもないので、自分から「あれがやりたい」「この学校に行きたい」といった主張も少なめです。

週末なども、親が「○○に行こう」と誘っても、「めんどうくさいから、一人で家で留守番している」ということも多いでしょう。

ただし、勉強の面でいえば、集中力には欠けるものの真面目に宿題をして期限内に終わらせるので、その辺は安心です。あまりうるさいことを言わずに本人に任せるようにしましょう。

〔親族〕

このタイプの人は、親戚付き合いにあまり興味

木原's Advice

こだわりタイプとの付き合い方

パートナーには
- 「察する」ことを期待しない
- 希望ははっきり言葉で伝える

親には
- 頑固なので無理強いは禁物

子どもには
- うるさく言わず本人に任せる

親族には
- 最低限、必要な付き合いに留めてOK

がありません。向こうからちょくちょく連絡がくるようなこともないため、こちらも最低限の付き合いでよいでしょう。

〔友人〕

かなり頑固で、自分の意志を曲げないため、あなたも手を焼くことが多いのでは？

このタイプの人は、誰とでも仲良くなれる性格ではありません。友人と楽しいことを共有したいという気持ちも少ないので、そもそも仲良しグループなどをつくって行動することもないでしょう。

数少ない友人と深く付き合えれば、それでOK。なんなら、友達がいなくても一人で生きていけるタイプです。

基本的に人見知りなので、友達の友達も来るような大勢でのバーベキューなどに誘っても、断られる可能性大。食事などに誘うときは、基本的に

木原's Advice

こだわりタイプとの付き合い方

友人には	・大勢の集まりに誘わない ・無理に意志を曲げさせない
知人には	・役割を振って任せておく
上司には	・上司の「常識」をよく把握しておく ・相談は他の先輩や上司に
部下には	・スピードよりも正確さ重視の仕事を任せる ・誘いを断られても気にしない
ご近所には	・攻撃を受けないように注意

は一対一、もしくは気心の知れた2～3人がよいでしょう。

［知人（職場の同僚・サークル仲間）］

人とのコミュニケーションにやや難があり、ちょっと頑固で自分の意見を押し通しがちなところがあります。

基本的には、何か誘っても乗ってこないし、かといって自分からどんどん企画するタイプではありません。

なのに、いったん参加するとなると、こちらのやり方に意見やダメ出しをして、それを通そうとする、一番厄介なタイプです。

とはいえ、基本的には真面目な性格で、会費集めや、出欠を取るといった事務作業が得意。

自分に振られた役割は、不器用ながらも、きっちりこなすので、ぜひお願いしてみましょう。

［ママ友・パパ友］

もともと友人を欲しがらないタイプで、ママ友やパパ友はあまりいません。親同士のグループLINEなどでも、ほとんど発言することはないでしょう。

ママ会やパパ飲みなどの会合に誘っても、自分にメリットがないと感じれば、参加することはありません。

ただし、別にあなたのことが嫌いなわけではないので、心配しなくても大丈夫です。

［上司］

真面目でカタブツ。仕事がとてもデキる上司というわけでもなく、常識人で融通が利きません。

困るのは、「常識」といっても、世間一般の常識が多様化した今、何をもって「常識」とするかです。「こんな常識もわからないのか！」と部下に怒鳴ったりしますが、その常識は、時代遅れのものだったりすることも。

そのため、どうすることが上司にとっての常識なのか、チェックしておくことが大切です。

また、積極的に部下の面倒を見る性格ではないので、仕事で困ったことがあれば同僚や、他部署の先輩などに相談するとよいでしょう。

〔部下〕

コツコツ真面目に仕事をするタイプですが、要領が悪く、時間がかかります。しかし、その分、ミスなく正確にできるので、納期がゆるい仕事を任せるとよいでしょう。

他には、手先が器用なので、ちょっとした工作系の仕事も安心して頼めます。

自分から仕事の提案をしたり、資格にチャレンジするといったこともなく、ただただ真面目に就業時間を過ごし、定時になれば、同僚と食事に行くこともなく、そそくさと帰ってしまうタイプ。

たとえば、こちらから飲みに誘っても、「やめておきます」と断ったりしますが、それはあなたのことが嫌いなのではなく、単に付き合いが悪いだけです。

〔ご近所〕

このタイプの人は、そもそも他人との関わりを求めていないため、ご近所付き合いもほとんどしません。

ただ、ゴミ出しの日などを間違えると、ゴミに「持ち帰れ」と張り紙をしたり、捨て主を予測し、攻撃的に非難してくるので注意しましょう。

上手に付き合うには言葉選びも重要ポイント！

こだわりタイプへの OK&NG声かけ例

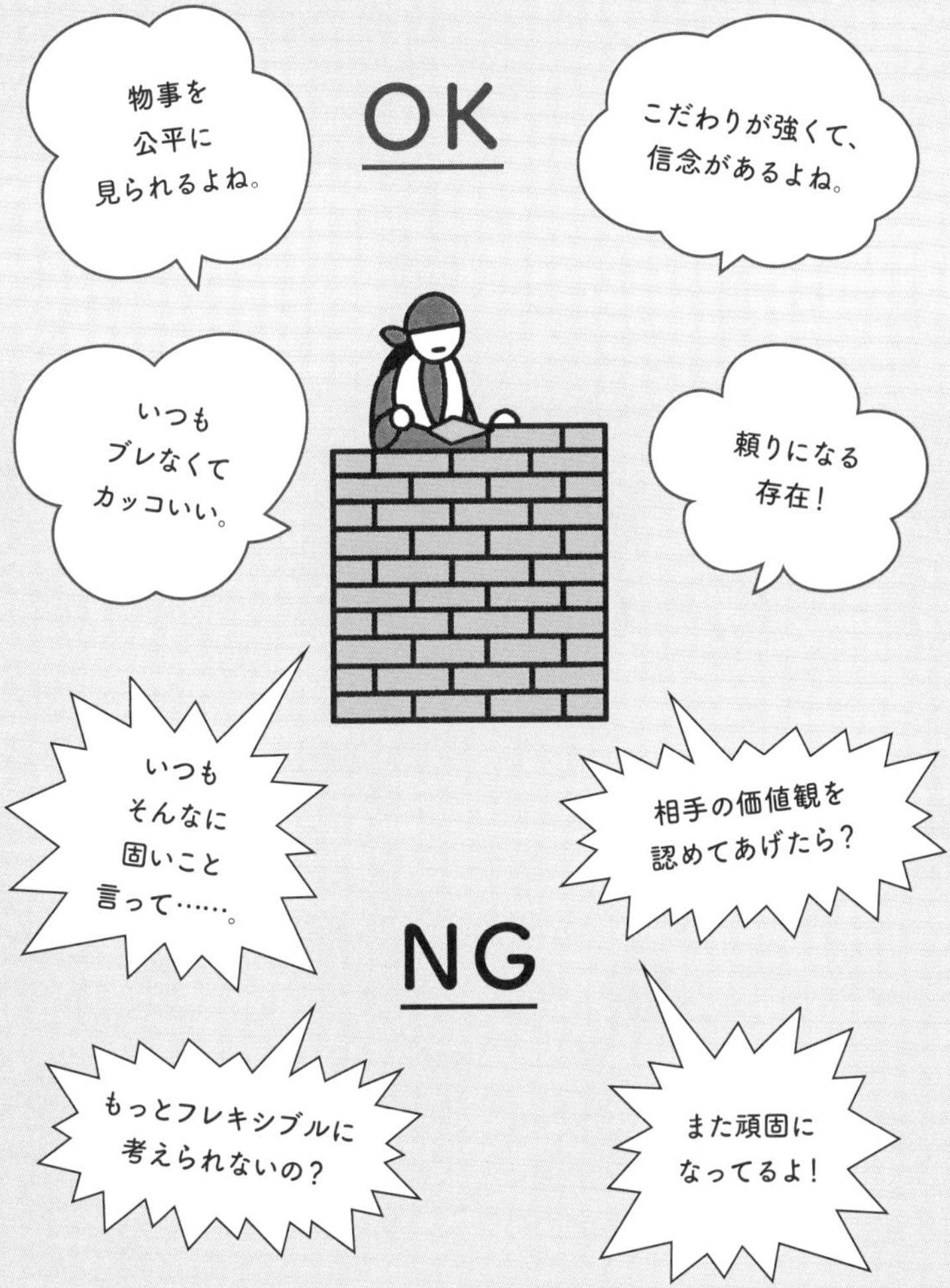
OK
物事を公平に見られるよね。
こだわりが強くて、信念があるよね。
いつもブレなくてカッコいい。
頼りになる存在！
NG
いつもそんなに固いこと言って……。
相手の価値観を認めてあげたら？
もっとフレキシブルに考えられないの？
また頑固になってるよ！

豪快系

パワフルタイプ
と上手に
付き合うには？

31の型で
このタイプに
入るのは

・逆N型II
・逆N型III

楽しいことのためなら
努力を惜しまない！
振り回されないように！

05

ディグラム木原の
データ分析

「なせばならぬ何事も」
それくらいの気持ちで
相手に突っ込め！

このタイプへの基本的なアプローチ法

自己主張が強いので翻弄されないように

このタイプの人はノリがよく、楽しいことや自分がやりたいことがあれば、積極的にやっていきたい性格。

そして、それを実行するための努力は惜しみません。

たとえば、年に1回海外旅行をするために、普段は外食を一切せず手弁当で節約をしたり、ファッションなどにお金を使わず、毎月10万円ずつ貯めて旅費を捻出。旅行のときに思う存分楽しみたい、というタイプです。

また、器用で要領もよいので、何事もそつなくこなすことができます。

性格は悪くはないのですが、基本、自分の都合が一番。周囲の人を振り回してしまうこともよくあります。

思ったこともズバズバと口にするため、周囲の人からは「わがまま」「ついていけない」と思われることも多いのですが、先生や上司のように立場が上の人からは、その実力を評価されることも多いようです。

「裏で何を考えているかわからない」ということがないので、ある意味、接しやすいのですが、自己主張も強いので、振り回されたり、丸め込まれたりしないように気をつけるといいでしょう。

関係性別アプローチ法

［パートナー（夫や妻）］

このタイプは、嫌なことは早めに終わらせたい人です。

家事なども先に終わらせて、ゆっくりしたいので、仕事や旅行先から帰ってきて、すぐ洗濯をしたり、食事をしたあとも休む間もなく台所に立ってお皿を洗ったりします。

あなたも同じようなタイプであれば問題ないのですが、そうではない場合は、「まずは休憩してからやればいいのに」「せわしないな」と思ってしまうかもしれません。

自分の意見を通さないと気が済まないタイプでもあるので周囲との衝突も多いでしょうが、回避するには、あなたの側ができるだけ相手のペースに合わせるようにするとよいでしょう。

〔恋人〕

このタイプの女性は、結婚よりも仕事のほうが大事という人が多く、恋愛期間中も仕事を優先してなかなかデートができなかったりします。

将来に関しても「仕事である程度成功してから結婚したい」と考え、結婚後もパワフルに仕事を続けます。また、男女とも「愛よりもお金が大事」と考えるタイプです。

恋人がいても、一人のゆったりとした時間を持ったり、ボーナスなどの臨時収入が入ったときは恋人との食事などより自分の好きなものにお金を使うことを優先するので、不満が募るかもしれません。

〔親〕

このタイプの親は、いくつになっても新しいことを取り入れたいと思っています。

とはいえ、最新の流行など、最先端のものを追いかけるのではなく、あくまでも興味の対象となるのは、自分がやってみたいと思ったものです。

中には、ハラハラするようなことや、子どもとしてはなんとかやめてもらいたいこともあるかもしれません。
しかし、このタイプは説得上手なのも特徴のひとつ。結局は丸め込まれてしまうので、ある程度のことは、親の意思を尊重して付き合うとよいでしょう。

［子ども］

好奇心旺盛で、新しいことにどんどんチャレンジします。習い事なども「あれをやりたい」「これをやりたい」と、何でも手を出そうとします。とはいえ、「友達がやっているから」というよりも、「自分がやりたいから」と、ちゃんと自分の意志があります。
また、あまりやりたくないことは先に済ませるタイプなので、夏休みの宿題も最初の3日で全部終わらせて、残りの夏休みを満喫するようなところがあります。

木原's Advice

パワフルタイプとの付き合い方

パートナーには	・なるべくペースを合わせてあげる
恋人には	・仕事優先を理解してあげる ・経済面であてにしない
親には	・無謀に思える挑戦もある程度尊重する
子どもには	・チャレンジはできるだけ応援してあげる ・勉強や習い事のペースは本人に任せる
親族には	・話をよく聞く

ですから、「せっかく早く終わったんだから、○○をすればいいのに」と思うかもしれませんが、あまり口出ししないようにしましょう。

〔親族〕

自分の意見は何が何でも通さないと気が済まないのが、このタイプ。

あなたも同じタイプであれば、衝突は避けられません。ただ、理不尽なことを押しつけてくるわけではないので、こちらとしては、とりあえず本人の話をきちんと聞く姿勢が大切です。

〔友人〕

思ったことをズバズバ言うので、最初は、ちょっと引いてしまうかもしれません。

しかし表裏がない性格なので、仲良くなってしまえば「本当は、何を考えているんだろう？」と

木原's Advice

パワフルタイプとの付き合い方

友人には	・ズバズバ言われても気にしない ・自分を棚に上げた発言はスルー
知人には	・褒めて仕事を任せる
ママ友・パパ友には	・負けず嫌いな言動はスルー
上司には	・基本、おとなしく従う ・プロセスよりも結果を出して報告する
部下には	・早くてミスも少ないので仕事は任せてOK
ご近所には	・挨拶程度の付き合いが吉

ヘンに気を使うことはなくなります。

遊びや飲み会の約束など、自分は時間ギリギリに到着するくせに、こちらが1分でも遅れようものならチクチクと文句を言ったりしますが、それはご愛嬌ということで、スルーしましょう。

【知人（職場の同僚・サークル仲間）】

職場でもサークルでも、とにかく目立つタイプ。無駄に声が大きい人がいますが、まさに、そんな感じです。

仕事の雑用やサークルの役職なども、積極的に引き受けてくれますが、献身的な姿勢というより、どちらかというと「自分が目立ちたい」という思いが強いようです。

このタイプの人は、期待されると嬉しいので、とにかく褒めておけば、本人も喜んで引き受けてくれます。

ただし難点は、自己主張が強いこと。発言できる立場になると、意地でも自分の意見を通そうとするでしょう。

【ママ友・パパ友】

性格的にはプライドも高くなく、ざっくばらん。とても付き合いやすいのですが、勝負事や競争に熱くなりやすいところがあります。

子どもの習い事のレギュラー争いなどに熱が入ったり、入学式や卒業式、運動会の座席取りでも朝早くから校門の前に並ぶタイプです。

もちろんスタバの新作も、周りの誰よりも早く試しています。あなたが新しいものを身に着けていると、負けじと同じものを買ったりしますが、その辺さえ気にしなければ、とてもよい関係を築くことができるでしょう。

［上司］

このタイプの上司は、いつも豪快で、仕事に対して前向きで、どんどん新しいアイデアを出していきます。中には、「これはちょっと……」というものもありますが、意見が違う人には攻撃的になったりするので、おとなしく従っていたほうがよいでしょう。

また、部下に対しては、仕事のプロセスよりも結果を出すことを求めます。そのため、進捗を報告することも大切ですが、多少回り道をしたとしても結果を出すことを心がけましょう。

［部下］

仕事に対して熱心で、バリバリと働くタイプです。会社をよくするためや、仕事を効率化するためのアイデアをどんどん出していきます。ですから、とても頼もしい部下といえます。

次々と仕事を片付けていくため、「仕上がりは雑なのでは？」と思われがちですが、ケアレスミスは目立ちません。仕事熱心で休日返上で頑張ることもありますが、それは会社のためというより自分がやりたいだけ。

プライベートも大切にしていて、私生活を犠牲にしてまで仕事をすることはありません。仕事のキリが悪くても、定時になるとサッサと帰ってしまうことがあります。

［ご近所］

人見知りをすることがないので、誰とでも仲良くなることができます。

とはいえ、家庭の事情にまで踏み込んだ会話をするわけではなく、あくまでも付き合いは「広く浅く」。あなたも挨拶に毛が生えた程度の軽めの会話をしておけばよいでしょう。

上手に付き合うには言葉選びも重要ポイント！

パワフルタイプへの OK&NG 声かけ例

OK

何事も
そつなくできて
うらやましい。

自分の考えや
意見をズバズバ
言えるよね。

目標に向かう
努力家だね。

何でも器用に
こなせるよね。

NG

他の人の
意見も
尊重したら？

もう少し考えてから
発言したら？

協力や配慮の気持ちが
欠けているよね。

和を乱す
行動が
多いよね。

献身系

のほほん舵取りタイプと上手に付き合うには?

31の型でこのタイプに入るのは

- U型III
- N型I
- N型II
- NPトップ型
- FCボトム型

優しくて控えめで気配り上手。甘えすぎないように!

06

ディグラム木原のデータ分析

「和を以《もっ》て貴しとなす」相手を尊重してやんわりリードしてあげて

このタイプへの基本的なアプローチ法

たまには愚痴を聞いてストレス発散させる

このタイプの人は、優しくて穏やかで、その場の空気を読むのがとても上手です。

自己主張は控えめで、あれこれと気配り上手。飲み会などでも、グラスが空く前に「次は何を飲む?」と聞いてくれたり、帰るときに忘れものがないか、座っていた場所をさりげなくチェックしてくれるようなタイプです。

そのため、学校、職場、サークルなど、どんな環境でも人から好かれることが多いでしょう。

また、「他人に迷惑をかけてはいけない」という意識が強く、責任感が強くて真面目です。そのため仕事などを任せても安心です。しかし、気を使いすぎたり、自分の行動を反省するあまり悩んでしまうなど、自己評価が低い傾向も。

実は、人知れず悩んだり、ストレスがたまってしまいがちなので、時々こちらから声をかけて愚痴を聞いてあげるとよいでしょう。

関係性別アプローチ法

［パートナー（夫や妻）］

性格的には優しくて穏やかで、人との争いごとを好みません。そのため平和な関係を築くことができます。

空気を読むのも上手なので、こちらの気持ちを察してくれたりします。「ちょっと疲れているのかな」と察すると一人にしてくれたりと、とにかく気配り上手です。

とはいえ、相手のことを気遣いすぎて疲れてしまうことも多いようです。「○○をやって」とお願いするばかりではなく、「私がお皿を洗うから、水ですすいでくれる?」というように、協力する姿勢を見せると、ストレスを軽くしてあげることができるでしょう。

〔恋人〕

相手が恋人でも、なかなか本心を打ち明けることができないタイプです。明るさやノリのよさもさほどないので、突然、仕事が早く終わったからとデートに誘っても、「嬉しい!」と喜ぶよりも、「えっ」と戸惑われることも。

また、あまり自分のことを話さず、どちらかといえば聞き役に回ることが多いようです。

反応が悪いので、あなたは「本当に自分のことを好きなのかな?」と不安になることが多いかもしれませんが、そんなことはありません。

逆に相手からの愛情表現が少ないと、愛されているかどんどん不安になるタイプなので、できるだけ言葉や態度で「好きだ」「愛している」と伝えてあげるとよいでしょう。

〔親〕

人生に対する満足度が低く、いつも老後に不安を抱えているタイプです。

基本的に保守的な性格なので、何か新しいことに誘っても、「どうせ歳だから」「年甲斐もなく恥ずかしい」と、挑戦することはありません。

とはいえ、みんながやっているのに自分だけやらないと不安になるタイプでもあります。スマホなども、周囲で所有者が過半数になると、自分が持っていないことに不安を感じます。

そのため、このタイプの親を説得したり、何かに誘ったりする場合は、「今どきは、みんなやっているよ」「これが今の常識だよ」と、自分が少数派であることを意識させるとよいでしょう。

〔子ども〕

真面目で責任感が強く、その場の空気を読んで行動するようなところがあります。

クラスでは目立つタイプではありませんが、和を乱したりするようなことはありません。学級委員や生徒会、部活の主将に立候補するようなことはしませんが、先生の言うことをきちんと守る優等生です。

ある意味、子どもらしくないところのある子どもかもしれません。悪くいえば、親の顔色ばかりうかがいがちな点も。

もし、親の教育方針が「他人に迷惑をかけてはいけない」というものであれば、それがプレッシャーになっている可能性もあります。

親子関係は、気遣いなく、何でも言える間柄になるよう心がけていきましょう。

木原′s Advice

のほほん舵取りタイプとの付き合い方

パートナーには	・気疲れしやすいので協力姿勢は必須
恋人には	・本心がわからなくても気にしない ・愛情表現はこちらから積極的に
親には	・説得するときは「みんなやってるよ」を合言葉に
子どもには	・なんでも言い合える雰囲気づくりに努める ・ゆっくり話を聞く時間をとる
親族には	・冠婚葬祭などは丁寧に対応する

〔親族〕

約束やルールを厳守する常識人。

相手にも礼儀を求めるのは、このタイプの人自身が気配りの人だからにほかなりません。

冠婚葬祭などに気を使い、社会人としての常識は守るようにしましょう。

〔友人〕

自己主張が弱めで、自分から遊びに誘ったりすることが少ないタイプです。

本心では「○○へ行きたい」「○○を食べたい」と思っていても、周りの空気を読んで、自分の意見を無理に通すこともありません。

いつも周りの友人の意向を汲《く》みながら生きているので、「本当の自分はこうではないのに」と思ったり、「自分らしさを出せていない……」と悩むことも多いようです。

木原's Advice

のほほん舵取りタイプとの付き合い方

友人には
- ときどき本心をゆっくり聞く時間をとる

知人には
- 目立つ仕事より縁の下の力持ち的な役割を頼む

ママ友・パパ友には
- 頼りすぎないように注意する
- お礼はこまめに伝える

上司には
- 先回りして仕事の指示を仰ぐ

部下には
- ルーティンワーク、チームワーク重視の仕事を頼むそこで「心の中ではどう思っているのか」「本当はどうしたいのか？」を探りながら関係を深めていくと、その人らしい、意外な面に出合えます。

［知人〈職場の同僚・サークル仲間〉］

このタイプの人は、目立つことが嫌いです。そのため、係や役員などに自分から積極的に立候補するようなことはありません。しかし、他人から期待されるのは嬉しいという面も。

役をつけてしまうとプレッシャーになったり、不安になったりしてしまうので、役職などはお願いせずに、「○○さん、手伝ってもらえる？ ○○さんなら、きっとお願いできると思って」というふうに誘うと、喜んで手伝ってくれます。

［ママ友・パパ友］

その場の空気を読むのが上手で、ママＬＩＮＥやパパＬＩＮＥなどでも、悪目立ちするような投稿をすることはありません。

気配りも上手で、ママ同士、パパ同士の交流もうまくやれる人です。また、責任感も強いので、人手が必要なときに仕事をお願いすれば、快く引き受けてくれるでしょう。

ただし、人がよいからといって、あれもこれもお願いするのはＮＧ。このタイプは重責が重なるとストレスを感じやすくなってしまいます。

また、常識のない人を嫌う傾向があるので、何かお願いをしたら、「ありがとう」「○○さんのおかげで助かりました」というように、感謝の気持ちを伝えることを忘れないようにしましょう。

［上司］

仕事に対して真面目に取り組みますが、自分から積極的にガツガツ仕事をするような感じではありません。

自分の関心がある業務に対しては積極的になりますが、そうでない場合は、ただただ淡々とこなす、といったほうがいいかもしれません。

また、ちょっと面倒な仕事を後回しにするクセがあるため、時々、「えっ、もっと早く言ってよ」と思うこともあるでしょう。

そうなると部下やクライアントにしわ寄せがいってしまいがちなので、こちらから「やることがあれば、先に進めていくので指示をお願いします」と、積極的に早め早めのフォローをしておくとよいでしょう。

［部下］

おとなしくて発言もあまりしないので、仕事ができないタイプのように見えますが、そんなことはありません。

いわゆる「意識高い系」の正反対です。自己主張は強くしませんが、ルーティンワークやチームワークは得意。会議や打ち合わせの議事録など、地味な作業もきっちり仕上げることができます。

［ご近所］

このタイプの人は、基本的に人見知りです。何年もたっても、「こんにちは」「お元気ですか」程度の挨拶ができる関係にさえならないこともしばしば。

しかし、人付き合いが嫌いというわけではありません。町内会の頼みごとや班の当番、マンションの理事会関係の仕事など、お手伝いをお願いすれば、きちんと引き受けてくれます。

上手に付き合うには言葉選びも重要ポイント！

のほほん舵取りタイプへの OK＆NG声かけ例

OK

周囲への気配りができるよね。

真面目で責任感があって尊敬できる。

いつも成長しようとしているよね。

一緒にいると、安心できる。

NG

あんまり自分を抑えすぎないで。

もっと自分の意見を言ってみたら？

無理をしないで自分のペースを大事にしたら？

もっと自分の価値を信じたら？

謙虚系

ストイックインドアタイプと上手に付き合うには?

31の型でこのタイプに入るのは

・W型
・U型Ⅰ
・N型Ⅲ
・ACトップ型
・逆Z型Ⅱ

無口で真面目。積極的に誘って連れ出してあげよう

07

ディグラム木原のデータ分析

「口は禍《わざわい》の元」言葉を選んでちゃんと伝えよう

このタイプへの基本的なアプローチ法

意見を聞き出してあげるように

無口でおとなしい人が多いのですが、実は自分の主張がしっかりあり、物事を論理的に考えるのが得意だったりします。そのため、普段は基本的に聞き役に回っていますが、要所要所で意見を差し挟んできたりします。

地道にコツコツと物事に取り組むことが得意で、非常に真面目で慎重ですが、慎重すぎてネガティブ思考に陥りがちです。

たとえば、何かやりたいことがあっても、「失敗したらどうしよう」と、あれこれ悪い方向にばかり考えてしまい、なかなか行動に移せず、チャンスを逃してしまうこともあります。

そのため、仲がよい関係であるなら、こちらから積極的に誘い出してあげると◎。そのときに、少しでも不安を解消できるような、プラスの言葉を添えてあげるとさらによいでしょう。

関係性別アプローチ法

[パートナー（夫や妻）]

このタイプの人は、旅行の計画でも、部屋の模様替えでも、あれこれ考えることが好き。

しかし、発想はどちらかというと凡庸で、クリエイティビティがあるわけではないので、こちらが感動するようなアイデアは期待できません。

また、考えるのが好きなわりには実行に移すまでに時間がかかります。「新しいソファを買いたいね」と言ってもカタログばかり見ていて、「これは汚れが目立つんじゃないか」「脚が低いと掃除がしにくい」などと、なかなか買うまでには至りません。ある程度のものは、相談せずに買ってしまうほうがよいでしょう。

［恋人］

世間の流行やトレンドにあまり関心がないので、新しくできたデートスポットや、流行りの飲食店などの情報にも疎《うと》いタイプです。

「○○へ行こうよ」「○○を食べようよ」と誘っても、「え〜、めんどうくさい」「いつものでいいじゃん」となり、デートコースがマンネリ化しがちです。

誕生日や記念日のサプライズなども、あれこれと考えるわりには、わりと平凡。ここでガッカリすると落ち込んでしまうので、少し大げさに喜んであげると関係がうまくいきます。

［親］

おとなしくもの静かで、アクティブに動き回るよりも、毎日、お茶を飲みながら家でテレビを見て過ごすタイプです。

テレビで流行のお店やスポットが紹介されていても、「おいしそうだな」「きれいだな」とは思うものの、実際に自分でそこに行ってみようとまではしません。

保守的で好奇心もあまりないので、もうちょっとアクティブに人生を楽しんでほしいと思うでしょうが、無理に外に連れ出さなくても大丈夫です。

また、実は子どもにどう思われているのかを気にしています。高価なプレゼントをする必要はありませんが、きちんと感謝の言葉を伝えましょう。

［子ども］

このタイプの子どもは、一見、あまり話さないのでおとなしくて育てやすいと感じます。しかし、主張こそ控えめですが、心の中ではしっかりと自分の考えを持っています。

たとえば、クリスマスプレゼントは、自分からサンタさんに手紙を書いてお願いする。あるいは、将来の夢なども、親には言いませんが、しっかり七夕の短冊に書くなどしています。

とはいえ、宇宙飛行士になりたい、オリンピック選手になりたい、宝くじが当たりますようにといった壮大な夢ではなく、サラリーマンになりたい、とか、幸せな家庭を持ちたい、など、「普通の幸せ」を望むタイプです。

いつも周りの友人と比べては、「どうせ自分は」となりがちで、さまざまなチャンスや可能性を自分でつぶしてしまうところがあります。うまくフォローしてあげるとよいでしょう。

〔親族〕

親戚の集まりなどでも、いつも無口でおとなし

木原's Advice

ストイックインドアタイプとの付き合い方

パートナーには
・行動を待たずに先回りしてOK

恋人には
・マンネリ、平凡でもガッカリしない
・何かしてくれたときは大げさに喜ぶ

親には
・無理に外に連れ出さない
・感謝の言葉はきちんと伝える

子どもには
・心の中にある考えを尊重する
・チャンスに尻込みしているときはそっとフォロー

親族には
・積極的に声かけする

く、あまり話したりしないので、どんなことを考えているのか、こちらからはわかりません。

冠婚葬祭などで会ったときには、積極的に声をかけてあげるとよいでしょう。

〔友人〕

誰とでもすぐ仲良くなるようなオープンな性格ではありません。人見知りもあって、初めて会った人とはうまく話すことができません。

飲み会や一緒に遊びに行くときに、当初に約束をした人以外の人物が突然加わったりすると、なかなか心を開いて楽しむことができません。

そのため、このタイプの人にあなたの古い友人、会社の同僚、趣味仲間などを、「きっと話が合うはずだから」と、紹介したいと思ったとしても、やめておいたほうがいいかもしれません。

それよりも、あなたと2人で〝サシ飲み〟をし

木原's Advice ストイックインドアタイプとの付き合い方

友人には	・知らない人が大勢いる場に誘わない ・会話が弾まなくても気にしない
ママ友・パパ友には	・会話に入れるようにフォローする
上司には	・発言をスルーせずアイデアのもとにする ・こちらから誘いの言葉をかけてみる
部下には	・コツコツ進める仕事を任せる ・スケジュールがタイトな仕事は振らない

たほうが楽しめるタイプです。

また、2人でいても会話が弾むタイプではありませんが、とくにあなたとの関係に不満はないので、心配する必要はありません。

［知人（職場の同僚・サークル仲間）］

このタイプの人は、仕事でも趣味でも、ものすごくデキるというわけではありませんが、クオリティに安定感があり、常に及第点をあげられるくらいの能力があります。

しかし、自己肯定感が低めなため、「やっぱり自分には、この仕事は向いていなかったんだ」とか、「自分には才能がないから、この趣味はあきらめたほうがいいのかな」と、ネガティブ思考になりがちです。

ですから、とくにおだてる必要はありませんが、「続ければ上手になるよ」と、こまめにフォローをするのがうまく付き合うコツです。

［ママ友・パパ友］

ママ会やパパ飲みなどで、みんながワイワイ楽しんでいると、その輪に入りたいと思いながらも積極的に会話に入っていけないタイプ。

「誘わなければよかったかな？」と思うことがあるかもしれませんが、声をかけなければかけないで、心の中で「自分たち親子は、周りから嫌われているんじゃないか？」とネガティブになったりするので厄介。

このタイプの人は基本、聞き役なのですが、飲み会などで酒が回ってくると、「うちの子はダメだ」「どうして、うちの子の担任はいつもハズレなんだ」と、愚痴が入ってくるので、時には逆にあなたの側が聞き役になってあげましょう。

[上司]

温厚でおとなしいため、トップに立ってバリバリ部下を指導するタイプではありません。もちろん権力志向もありません。

とはいえ、無能かというとそんなことはありません。会議でもほとんど発言しませんが、たまに出す言葉がキーワードになって、一気にみんなのアイデアが引き出されたりします。

いつも一人で仕事をしており、もの静かなので、いつの間にか仕事上のストレスがたまってしまいがち。たまには「一緒にご飯でも行きませんか?」と誘うと、行くか行かないかは別として、内心、嬉しく思ってくれます。

[部下]

言われたことはきちんとこなし、仕事に対してとても真面目に取り組みますが、上昇志向はあまりないようです。

人と交渉したり、会議などでプレゼンをするのも苦手です。そのため、議事録係など一人でコツコツ進められる仕事を振るとよいでしょう。きちんと丁寧に仕上げることができます。

論理的思考があるものの、「失敗したらどうしよう」と、マイナスの可能性を先読みしすぎて行動に移せない面があります。ですから、納期やスケジュールがタイトな仕事よりも、ゆるめの仕事を任せるとよいでしょう。

[ご近所]

無口で、温和ですが、社会常識や倫理観のない人を嫌います。そのため、町内会の掃除に参加しなかったり、友達を家に呼んで、夜遅くまで騒いだりするのは御法度。こちらとしては、落ち度がないよう気をつけるといいでしょう。

上手に付き合うには言葉選びも重要ポイント！

ストイックインドアタイプへの OK＆NG声かけ例

OK

コツコツと
取り組むのが
得意だよね。

深く物事を
考えられるんだね。

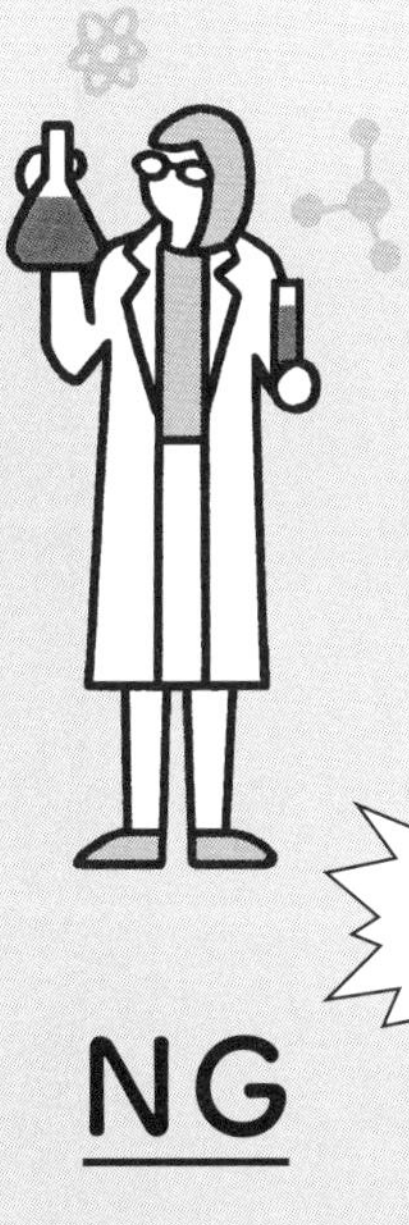

周囲に
影響力が
あるよね。

いつも慎重で
信頼できる。

NG

積極的に
行動することも
大事だよ。

もうちょっと自分の
意見を言ったらどう？

失敗することで
成長できることもあるよ。

もっと
楽観的に
考えたらどう？

冷静系

ロジカルエリートタイプと上手に付き合うには？

31の型でこのタイプに入るのは

・逆N型Ⅰ
・Aトップ型

合理的&論理的な賢い人。説得は感情よりも数字で

08

ディグラム木原のデータ分析

「短気は損気」きちんと先を見越して合理的な対応を

このタイプへの基本的なアプローチ法

実務的な部分をお願いすると◎

このタイプの人は、とても論理的で、どんなときでも冷静沈着です。トラブルが起きても慌《あわ》てず動じず、淡々と解決に向かう方向に対処をすることができます。

器用なので、仕事も勉強も趣味も要領よくこなすことができ、さらに自分の長所や短所もしっかり理解しているので、無謀な挑戦をすることはありません。

自分に自信を持っているので、初対面の人にも「デキる人だな」と思わせるオーラを漂わせています。しかし、優秀であるがゆえに、効率ばかりを重視して、人の感情に対して鈍感なのが玉にキズなところです。

とはいえ、このタイプの人が一家に一人、サークルに一人、部署に一人いると、大変助かります。実務的な部分で頼れるところは頼っていきましょう。

関係性別アプローチ法

［パートナー（夫や妻）］

自分に自信があり、さらには自分の判断にも自信があります。家を買う時期や、子どもの学校選びなども、「オレ（私）に任せてくれれば問題ない」と思っているタイプです。

実際、貯蓄や投資なども堅実で、ある程度のことは任せておけば安心です。まるでファイナンシャルプランナーのように、自分であれこれ計算して計画を立てることができます。

また、損得勘定にも敏感で、1年ごとにスマホを乗り換えたり、電気・ガスの自由化にともなって、早々に電力会社やガス会社を変えるのも、このタイプ。

「得したい」というより、無駄なことが嫌いなようです。自分でエクセルを使って計算し、少しでもお得なプランを見つけるのが趣味のようになっています。

こちらは従えばいいだけなので、手続きなども全部お願いするようにしましょう。

〔恋人〕

このタイプの人は、よくいえば合理的、悪くいえば冷徹です。

たとえば、デートの誘いなども「○○に行ったことがないので行ってみたい」とか「○○がおいしそうだから食べてみたい」などと感情面に訴えても、あまり動いてくれません。

それよりも、「○○なら、○○と○○を回るルートの途中にあるので行ってみたい」「何日から何日まで期間限定で○割引なので行ってみたい」などと、このタイプの相手が納得しやすい、具体的な理由をつけて誘うのがおすすめです。

サプライズ的なことが好きではないため、プロポーズや誕生日プレゼントは、できるだけさりげなく、自然にしておきましょう。

〔親〕

頭脳明晰、何でも自分で考えて実行します。

基本的に頭がよいので、子どもとしては心配が少ないのですが、年齢とともにその頭の良さを逆手にとられて、詐欺に遭《あ》ってしまう可能性も。

また、騙されたことが判明したあとも、家族に相談せずに、自分だけで解決しようとすることも。そのため、普段から密にコミュニケーションをとり、少しでも様子がおかしければ、きちんと問い質すようにしてください。

〔子ども〕

計画を立てるのが好きなタイプです。夏休みの宿題なども自分から進んで計画を立て、それをきちんと実行できます。精神年齢も高いため、あまり心配することはありません。

このタイプの子どもは、論理的思考が得意なため、話をするときにも数字などの根拠があると納得しやすいといえます。

たとえば、勉強などで高い目標があるときは、「週に○○時間、勉強をした子の△△%が、第一志望の学校に合格している」というように、具体的な数値を出すとよいでしょう。

また、このタイプは、勉強にしても部活動にしても、いかに効率よく最大限のパフォーマンスを発揮できるかを考えているので、他の子どもより

木原's Advice

ロジカルエリートタイプとの付き合い方

パートナーには	・ある程度判断を任せて従う
恋人には	・説得は感情に訴えるよりも具体的、現実的に ・サプライズはNG
親には	・頭のよさを過信しがちなので詐欺に注意
子どもには	・話して聞かせるときは数字などの根拠を示す ・注意するときは慎重に

勉強や練習にかける時間が少なくても、安易に注意したりしないようにしましょう。

〔親族〕

年に1回会うか会わないかの関係でも、やけに馴れ馴れしいことを聞いたり言ってきたりする人がいますが、このタイプの人の親戚付き合いは、とてもスマート。

ただし、遺産相続などが発生したときは、自己主張が強めなので、その辺りでは一歩も引かないところがあります。

〔友人〕

計画を立てるのが得意で、自分が興味のあることに対してはフットワークの軽さがあります。

しかし、自分の興味がなければ、こちらがどんなに力説したり誘ったりしても、「興味がないか

木原's Advice

ロジカルエリートタイプとの付き合い方

友人には
- 誘いを断られても気にしない
- 気が乗らないときは断ってOK

ママ友・パパ友には
- 相手に利のないことは最初から頼まない

上司には
- トラブルは早めに相談してアドバイスをもらう

部下には
- やや難度の高い仕事を任せてフォローする

ら」と、キッパリ断ります。

「友達なんだから、付き合ってくれてもいいじゃん」と思うことも多いかもしれませんが、このタイプの人はいくら友達といえども、情にほだされることはありません。

ですから、こちらも「友達だから」と無理に相手の趣味に付き合うことはありません。断っても、そのことで友情にヒビが入ったりすることはないので、ご安心を。

［知人（職場の同僚・サークル仲間）］

このタイプの人は、計画を立てるのがとても得意です。たとえば、仕事のスケジュール作成や担当の割り振りなどをお願いすると、きちんと適材適所の人材を配置してくれます。

また、サークルや趣味の発表会なども、自分からアイデアを出したり、集合時間や出番表、休憩時間やグループごとの座席の割り振りなど、綿密に計画を立ててくれます。

まさに職場やサークルの頭脳といってもいいかもしれません。

しかし、ある意味、ロボット的でもあるので、「ちょっと疲れたから」とか、「もうちょっと休みたい」と言っても、問答無用で却下するようなところもあります。

何でも自分一人で決めてしまうところもあるので、ちょこちょこと進捗状況を確認するようにしましょう。

［ママ友・パパ友］

このタイプの人は、責任感も強く、事務的な仕事もデキるので、保護者会など子どもがらみのこまごまとした用事を頼むと、テキパキこなしてくれます。

ただし、これらの仕事は「自分の子どものため」という大前提があるので、在校生から卒業生への贈り物を考えるというような、わが子にメリットのない用事は、あっさり断られるケースもあります。頼む内容には十分気をつけるようにしましょう。

［上司］

いつでも冷静沈着で、トラブルが起きたときも冷静に判断して解決してくれます。

問題が起きそうな案件は、起きてからではなく、「やばいかも」と嫌な予感がした時点で、先回りして相談するとよいでしょう。

［部下］

このタイプの部下は、交渉力やプレゼン能力に優れていて、どんなに難しい契約でも、あっさり結んでくるようなところがあります。

それは、クライアントが部下の熱意に負けたというよりも、部下が過去のデータや競合会社のデータをきちんとそろえ、契約後の予想利益などをしっかりシミュレーションしてプレゼンをするからにほかなりません。

ですから、「ちょっと難しいかな？」と思う交渉でも、まずは任せてみて、自分はその後のフォローに回るようにするといいでしょう。

［ご近所］

このタイプの人は、誰とでも仲良くなれます。それは、明るくノリがいいというよりも、サバサバして、分け隔てなく付き合うタイプだからです。

だからといって、必要以上に馴れ合いの関係になる必要もありません。

上手に付き合うには言葉選びも重要ポイント！

ロジカルエリートタイプへの OK&NG声かけ例

OK
嫌みのない自信が尊敬できる。
トラブルも安心して任せられる。
論理的で判断も冷静だよね。
要領がよくてうらやましい。
NG
もう少しリラックスしたら？
他人の感情に対して鈍感だね。
もっと冒険してもいいんじゃない？
無駄な努力が多くない？

直感系

アイデアマンタイプと上手に付き合うには？

31の型でこのタイプに入るのは

・U型II
・Aボトム型

思い立ったら即行動！感情の起伏が激しい天才肌。基本、温かく見守って

09

ディグラム木原のデータ分析

「まかぬ種は生えぬ」出会いを大事にするからここぞというときは積極的に行ってOK

このタイプへの基本的なアプローチ法

周囲の人は口出し厳禁

このタイプの人は、とても感性豊かで、直感力にも優れています。そして何事も思い立ったら、すぐ行動するバイタリティがあります。

しかも、後先を考えず、向こう見ずの性格です。常識にとらわれない発想や行動で、周囲をあっと驚かせることも多いでしょう。

よくいえば天才肌ですが、悪くいえばメンタルをやられやすいタイプでもあります。論理的に物事を考えるのが苦手で、さらにプレッシャーにも弱く、精神的にムラがあるので、一定のパフォーマンスを維持できないため周囲の期待を裏切ってしまうことがあります。

そのため、このタイプの人には好きなことを好きなようにさせて、こちらが口出しをしたり、過度な期待をするのはやめるようにしましょう。

関係性別アプローチ法

［パートナー（夫や妻）］

明るくてノリはよいのですが、気分の上下があり、落ち込むときはとことん落ち込んでしまうタイプです。

そういうときには、そっとしておくのが一番。数時間もすると、いきなり元気になったりするので、いちいち心配していると逆にこちらの身が持ちません。

感情の起伏のスイッチはどこにあるのかわかりませんが、思い立ったら、急にホームセンターに行って、レンガを買ってきて庭にピザ窯を作ってしまうような人です。

好奇心が強く、自分が好きなものに関してはとことんのめり込むところがあります。

部屋数に余裕があれば、物置部屋を趣味の部屋にしたり、ガレージを自室のように使ってもらうとよいでしょう。ミニ冷蔵庫を置いてお酒を並べて、1日中こもってご満悦なはずです。

〔恋人〕

感受性が豊かで、何事も直感で決めるタイプです。会った瞬間に「この人だ！」と衝撃が走り、結婚を決める〝ビビ婚〟というものがありますが、まさにこの状態に陥りやすいタイプです。

あなたと付き合うようになったきっかけも、この直感が決め手だったかもしれません。

相手もあなたも、直感で「この人だ」と思っている分にはかまいませんが、このタイプの困ったところは、「この人だ！」と感じてビビビと衝撃が走るのが、1回や2回ではないことです。

「ビビビ」とくるたび、「今までの恋愛は、本当の恋愛ではなかった」とか「こんなに愛せる人に出会ったのは初めて」と、浮気や不倫に走ってしまう恋多き人でもあります。

感情の起伏も激しいので、関係を続けるには、正直、体力とこちらの寛容さが必要です。

〔親〕

基本的には明るい性格をしているのですが、怒りっぽいところもあり、急に怒鳴られたりして、「どうしちゃったの？」と思うことも。

しかし怒りが持続することはなく、怒鳴ってスッキリ、後はニコニコ……というタイプ。

もともとやりたくないことは後回しにするタイプですが、年齢とともに、その傾向はますます強まります。実家の処分、遺産相続、お墓の問題など、ついつい後回しにしてしまいます。

役所からの公的な書類や申請なども、こちらがこまめにチェックして手伝ってあげましょう。

〔子ども〕

笑ったり、怒ったり、泣いたり、落ち込んだりと感情がアップダウンするタイプです。「宿題、終わったの？」「〇〇の書類は提出したの？」と聞いても、「もう終わった」「提出した」と嘘をついて、慌てて翌日に出したりします。

親から見ると頼りない感じがするので、「あれをしなさい」「こうしたら？」と声をかけてしまうことも多いでしょう。

しかし、このタイプの子どもは、型にはめてしまうと才能を伸ばすことができません。ある意味、芸術家タイプなので、本人の気持ちの赴《おもむ》くままに自由にさせると、大きな花が咲く可能性があります。

木原's Advice

アイデアマンタイプとの付き合い方

パートナーには
- 落ち込んでいるときはそっとしておく
- 趣味に没頭できる部屋を確保してあげる

恋人には
- 感情の起伏の激しさはある程度許す

親には
- 公的手続きなど後回しにしていないかチェック

子どもには
- 型にはめようとせず、才能を見極める

〔親族〕

このタイプの人は、本心では気が乗らない親戚の集まりでも、きちんと顔を出します。

お願いごとも基本的に断らないので、予約なども引き受けてくれます。とはいえ、直感で決めてしまったりするので、下見や準備など、念入りに行いたいものは、任せっきりにせず、こちらも協力するようにしましょう。

〔友人〕

ノリがよいので、一緒に遊んでいても楽しいのですが、喜《き》怒《ど》哀《あい》楽《らく》の感情表現が激しいので、時々、振り回されて疲れてしまうことがあります。

また、プライドが高く、競争心も強いので、勝負事に熱くなりがちです。

たとえば、「新しくできたお店に行ってきた」といった話題を振ろうものなら、「あそこの○○

木原's Advice

アイデアマンタイプとの付き合い方

友人には	・喜怒哀楽に付き合わない ・嘘は指摘しないでスルー
ママ友・パパ友には	・役割を頼むときは堅実な人がフォロー
上司には	・感情の起伏に振り回されないように注意
部下には	・数字を扱う緻密な仕事、責任の重い仕事は頼まない ・誰かのサポート的な仕事から始めて様子を見る

は、○○なんでしょ?」みたいに知ったかぶりをしたり、「ちょうど先週、行ってきた」といった、どうでもいい嘘をつくことも。

「どうせ嘘でしょ?」などと指摘すると逆ギレしたりするので、そこはスルーしましょう。

[知人(職場の同僚・サークル仲間)]

明るくてノリがよいので、職場やサークル仲間ともうまくやっていけるタイプです。面倒な仕事や当番、係といった頼みごとも、基本的に引き受けてくれます。そのため、広く浅い付き合いをしている分にはとくに問題は生じません。

しかし、感情の起伏が激しく、ちょっとしたことでイライラしたり、怒ったりします。自分に自信がないわりには、人に「勝ちたい」という気持ちが強いので、深く付き合えば付き合うほど、楽しく話していたつもりが、いつの間にか愚痴大会になっていた、なんてことも。

[ママ友・パパ友]

このタイプの人は、環境に順応するのが早いので、子どもの保育園や幼稚園、小学校、中学校、高校と、あらゆるステージでママ友やパパ友ができ、それぞれうまく輪の中に入っていけます。

ノリもよいので、保護者会の当番なども気軽にお願いすることができます。

ただし、感情にムラがあるので、調子がいいときはいいのですが、そうでないと無口になったり、急に顔を出さなくなったりするので、その辺りのフォローがきちんとできる人と一緒に組んでもらうとよいでしょう。

[上司]

仕事に対してあまりやる気がなく、仕事の能力が高いというわけでもありません。

何を考えているかわからないところもありますが、隠れたアイデアマンで、他の人が思いつかないような発想を生み出すことができ、思いついたら即実行の行動力もあります。

感情に任せて部下に当たったりもしますが、すぐに機嫌もよくなるので、あまりその喜怒哀楽に振り回されないようにしましょう。

［部下］

自分の興味がある仕事であれば、進んでやることもありますが、基本的に仕事は「できればしたくない」タイプです。

数字を扱うような緻密な作業が得意ではなく、かといって人と会って営業をしたり、会議で人前に立ってプレゼンをするといったことも苦手です。

トラブルが起こったときも、自分から進んで上司に報告するというよりも、見て見ぬ振りをしてしまうので、大惨事となって周囲の人が大やけどをしてしまうことも。

とはいえ、ごくまれに天才的な発想で大ヒット商品を生み出したり、大きな契約を取ってきたりする可能性があります。

普段は責任が重い仕事は避け、補助的な仕事をお願いするのがよいかもしれません。

［ご近所］

倫理観や社会常識に欠けている人が嫌いです。そのため、ゴミ出しの日などは慎重に。

そのわりには、本人がうっかり間違えたときなどに、こちらが指摘したりすると、逆ギレされたり、根に持たれたりするので、注意をするときは気をつけましょう。

上手に付き合うには言葉選びも重要ポイント！

アイデアマンタイプへの OK＆NG声かけ例

OK

感性と
直感力が
本当に
素晴らしい！

常識にとらわれない
発想にびっくり！

自由な発想で
周囲を変えて
いるね。

パワフルな
エネルギーは
刺激的！

NG

もう少し
計画的に
行動したら？

行動や感情に
ムラがあるよね。

よく周囲を
振り回しているよね。

論理的
思考が
苦手だよね。

木原誠太郎

（きはら・せいたろう）

1979年生まれ、京都府出身。電通やミクシィでマーケティングを担当し、さまざまな企業のマーケティングコンサルティングにたずさわる。2013年、ディグラム・ラボ株式会社を設立。「心理学×統計学」で人間の本音を分析し、カウンセリングするプログラム「ディグラム診断」の研究を進めながら、同時に事業展開。「あなたはどれに当てはまる？　スター★性格診断SHOW」（TBS系）、「性格ミエル研究所」（フジテレビ系）などテレビ出演多数。

「人間関係」は性格と相性が9割

1000万人の新ディグラム診断

2024年1月30日　第1刷発行

著　者　木原誠太郎

発行者　鈴木勝彦
発行所　株式会社プレジデント社
〒102-8641　東京都千代田区平河町2-16-1
平河町森タワー 13F
https://www.president.co.jp/
https://presidentstore.jp/
電話03-3237-3731(販売)

装丁・本文デザイン　岩間良平(トリムデザイン)
カバー・本文イラスト　添田あき
本文図版　朝日メディアインターナショナル株式会社
著者写真　株式会社ジャスト プロ提供

執筆協力　下関崇子
編集協力　長谷川華(はなぱんち)、木村直子
企画協力　ディグラム・ラボ株式会社、株式会社ジャスト プロ
販売　高橋 徹　川井田美景　森田 巌
末吉秀樹　庄司俊昭　大井重儀
編集　村上 誠
制作　関 結香
印刷・製本　中央精版印刷株式会社

ISBN978-4-8334-4058-5